Cómo escribir una buena historia

JUAN SAHAGÚN CAMPOS

CÓMO ESCRIBIR UNA BUENA HISTORIA

La creatividad literaria como motor de desarrollo personal

Berenice

© Juan Sahagún Campos, 2022
© Almuzara, s.l., 2022

www.editorialberenice.com

Primera edición: enero de 2022

Colección Manuales

Director editorial: Javier Ortega

Impresión y encuadernación:
Gráficas La Paz

ISBN: 978-84-18089-64-0
Depósito Legal: CO-1287-2021

Impreso en España/*Printed in Spain*

A Juan, José Arturo y Francisco Javier: los extraño.
Algún día volveremos a platicar.

Índice

Índice

Prólogo

Me atrevo a dar el consejo de escribir, porque es agregar un cuarto a la casa de la vida. Está la vida y está pensar sobre la vida, que es otra manera de recorrerla intensamente. (...) Además, escribir es un intento de pensar con precisión. Debo admitir sin embargo que de vez en cuando se presentan situaciones en que tenemos que elegir dos caminos; quizá, por extraño que parezca, entre el amor (léase matrimonio, vida familiar) y seguir escribiendo. Es probable que esa mala fama de la literatura, que la muestra como negación de la vida, se deba al clamor de personas abandonadas. Pero la literatura no es una imposición, es un placer.

Suscribo las palabras de Adolfo Bioy Casares. Me parece que su elocuencia es la mejor llave para abrir la puerta de este trabajo.

Al elaborar este libro arranco con dos propósitos fundamentales: crear un manual que sirva como introducción al ejercicio del gozo de escribir, y mostrar la manera en que esa práctica puede convertirse en una fuente para el desarrollo de nuestra forma de ser. Es decir, me baso en dos verbos fundamentales: *hacer...* y *crecer.*

He tenido la oportunidad de estar en diversos talleres de creación literaria, como alumno y como maestro. Así, he podido comprobar que muchas personas tienen capacidad suficiente para escribir historias. Es más: todos tenemos historias que queremos contar. Basta con detenernos unos minutos a escuchar las pláticas cotidianas entre los vecinos, o las historias de un taxista, o lo que se cuenta en el gimnasio, o en las pausas en la escuela. Vivimos impregnados de miles de historias. Nosotros mismos tenemos muchas anécdotas que hemos verbalizado a la menor oportunidad.

Y si conversar es una delicia... escribir también lo es.

Hay una pregunta que surge inevitable: ¿escribir nos ayuda a crecer como personas? A lo largo de esta obra iré eslabonando ideas que apuntarán hacia una respuesta en ese sentido. De entrada, te comento que creo que el ejercicio literario nos ayuda a descubrir partes de nosotros que muchas veces se encuentran un poco escondidas en el desván. Con eso avanzamos un primer paso para saber quiénes somos y hacia dónde podríamos caminar. Después de todo, al escribir historias, de alguna forma —en el fondo— estamos reescribiendo la vida que queremos vivir.

Por lo demás, en esta época —segunda década del siglo XXI— es imposible eludir un hecho que habrá de signar nuestra vida: el prolongado encierro por una pandemia que, en algunos países, ocasionó sufrimiento en miles de hogares. Ahí hay innumerables historias que pueden, y quizás deben ser contadas. La elaboración de relatos nos ayudará a entender mucho de lo que aconteció.

En el caso de nuestras experiencias durante la contingencia sanitaria, sería provechoso tomar el lado catártico del ejercicio literario. ¡Cuántas páginas se podrían llenar de los sucesos heroicos, las incertidumbres, las angustias, el valor y el coraje con que fue enfrentado este acontecimiento inexorable!

Todos, absolutamente todos, poseemos un diamante que debemos pulir: el pensamiento creativo. Procuraré profundizar en esa enorme e importante tarea, siempre desde la perspectiva literaria, con el objetivo de ayudarte en todo lo posible a crear historias que te satisfagan, a la vez que, mediante ese tipo de realizaciones, la creatividad te ayude en tu desarrollo personal.

Me parece oportuno que sepas un poco de quién te platica. Soy actor de teatro y televisión, escritor y guionista, además de apasionado del Derecho.

Hace muchos años ingresé a dos talleres de narrativa que marcaron mi vida: uno, bajo la batuta de Sergio Pitol; otro, a cargo de Rafael Ramírez Heredia. En ambos casos fueron épocas de intenso aprendizaje, de debates y polémicas en torno a los rasgos más importantes del cuento y la novela; de clases que eran, en realidad, conferencias magistrales.

Cuando Rafa ya no estuvo con nosotros, hube de tomar la batuta, llevando la dirección de aquel taller por varios años.

A la par, un poco por gusto y otro por necesidad, comencé a escribir *sketches*, obras de teatro y guiones de televisión. Desde hace alrededor de veinte años, la labor docente que realizo en el Centro de Educación Artística y el Diplomado de Escritores de Telenovela de Televisa me ha hecho indagar aún más sobre la composición dramática y profundizar acerca de los ingredientes que confluyen en el guion televisivo.

El oficio de escritor requiere de muchos elementos: voluntad, disciplina, autoestima, imaginación y mucha inventiva. Es mi intención compartir las notas y reflexiones que he recabado a lo largo de mi experiencia en la aventura de escribir. Espero que, de alguna manera, te allanen el camino.

Termino este prólogo expresando mi eterna gratitud a los maestros que me han contagiado el amor a la narrativa, y finalizo con una cita de la escritora Clarice Lispector:

«Escribir es una maldición que salva. Es una maldición porque obliga y arrastra, como un vicio penoso del cual es imposible librarse. Y es una salvación porque salva el día que se vive y que nunca se entiende a menos que se escriba.

¿El proceso de escribir es difícil? Es como llamar difícil al modo extremadamente prolijo y natural con que es hecha una flor. No puedo escribir mientras estoy ansiosa, porque hago todo lo posible para que las horas pasen. Escribir es prolongar el tiempo, dividirlo en partículas de segundos, dando a cada una de ellas una vida insustituible. Escribir es usar la palabra como carnada, para pescar lo que no es palabra. Cuando esa no-palabra, la entrelínea, muerde la carnada, algo se escribió. Una vez que se pescó la entrelínea, con alivio se puede echar afuera la palabra».

¿Por dónde demonios se empieza?

La pregunta inicial que hay que responder —con absoluta honestidad— es si se tiene o no vocación para escribir.

Esa interrogante debe ser planteada a cada paso del camino y con absoluta certeza. «¿Puedo hacerlo? ¡Sí, puedo!». El hecho de reconocerse como escritor implica que se arrostrarán las más fuertes exigencias, así como los placeres más intensos. El mayor de ellos es el de asumirse como contador de historias.

Como ya he afirmado, se debe tener una paciencia a prueba de bomba con el fin de perseguir las imágenes con las que habrás de arrancar. Que quede bien claro: no se trata de convertirse en un frío recaudador de anécdotas que va por la vida con su libretita, anotando qué le sirve y qué no. Ese tipo de conducta no sería la apropiada. Al vivir como alguien que desea escribir, relatar, narrar, inventar diálogos de personajes imaginarios, se siente con fuerza diáfana que muchas de las experiencias vividas adquieren mayor sentido cuando podemos volcarlas al papel.

Mario Vargas Llosa lo ha dicho de manera elocuente. He aquí sus afirmaciones:

«La vocación me parece el punto de partida indispensable para hablar de aquello que nos anima y angustia: cómo se llega a ser escritor. Es un asunto misterioso, desde luego, cercado de incertidumbre y subjetividad. Pero ello no es obstáculo para tratar de explicarlo de una manera racional, evitando la mitología vanidosa, teñida de religiosidad y de soberbia, con que la rodeaban los románticos, haciendo del escritor el elegido de los dioses, un ser señalado por una fuerza sobrehumana, trascendente, para escribir aquellas palabras divinas a cuyo efluvio el espíritu humano se sublimaría a sí mismo y, gracias a esa contaminación con la Belleza (con mayúscula, por supuesto), alcanzaría la inmortalidad.

Si no me equivoco en mi sospecha (hay más posibilidades de que me equivoque de que acierte, por supuesto), una mujer o un hombre desarrollan precozmente, en su infancia o comienzos de la adolescencia, una predisposición a fantasear personas, situaciones, anécdotas, mundos diferentes del mundo en que viven, y esa proclividad es el punto de partida de lo que más tarde podrá llamarse vocación literaria. Naturalmente, de esa propensión a apartarse del mundo real, de la vida verdadera, en alas de la imaginación, al ejercicio de la literatura, hay un abismo que la gran mayoría de los seres humanos no llegan a franquear. Los que lo hacen y llegan a ser creadores de mundos mediante la palabra escrita, los escritores, son una minoría, que, a aquella predisposición o tendencia, añadieron ese movimiento de la voluntad que Sartre llamaba una elección. En un momento dado, decidieron ser escritores».[1]

Si bien por un lado advertimos cierto don, una especie de inclinación natural acompañada de una *facilidad* para inventar universos alternos, por otro lado esa afición —es lo deseable— puede desembocar en la asunción de la vocación literaria.

Otro punto importante es que se elige crear mundos imaginativos porque no nos conformamos con el mundo real. Quien tiene propensión a la fantasía suele acudir a ella para imaginar personajes, situaciones, anécdotas, mediante las cuales

1   Mario Vargas Llosa. *Cartas a un joven novelista*. Ed. Planeta. 1997. Colección La línea del Horizonte. Páginas 10-11.

el autor acentúe determinado aspecto de la realidad para así tratar de comprenderla mejor. Definitivamente no es que la literatura tenga por fuerza fines terapéuticos, aunque en ocasiones, por supuesto, ayuda a entender la realidad, o a entendernos a nosotros mismos. Como afirmé en la nota introductoria, el haber vivido un hecho tan contundente y que atentó contra la salud física y mental de tantos seres humanos —la epidemia— quizá merezca ser volcado en uno o varios relatos. En última instancia, y por sobre todas las cosas, la creación literaria es o bien un placer, o bien una necesidad imperiosa e irrefrenable.

Quienes lo hemos podido experimentar, sabemos que pocos placeres se comparan con el de la invención de mundos autónomos, redondos y significativos. Emergen de nuestro interior y mágicamente toman forma propia. Esa necesidad alimenta el siguiente deseo. Y como decía la frase ancestral, es «el cuento de nunca acabar».

Lo dicho hasta este instante puede servirte únicamente como una modesta referencia. La respuesta a la vocación se encuentra en tu interior. Ni más ni menos. No estoy diciendo nada nuevo. Hace mucho tiempo lo dijo de manera magistral el poeta alemán Rainer Maria Rilke:

«Nadie le puede dar consejo o ayuda. No hay más que un solo camino. Entre en usted mismo, busque la necesidad que lo obliga a escribir: examine si sus raíces penetran hasta lo más profundo de su corazón. Confiésese a usted mismo: ¿moriría si le estuviese vedado escribir? Sobre todo esto: pregúnteselo en la hora más silenciosa de la noche: ¿verdaderamente me siento apremiado para escribir? Hurgue en sí mismo hacia la más profunda respuesta. Si es afirmativa, si puede enfrentar una pregunta tan grave con un fuerte y simple «Debo», entonces construya su vida de acuerdo con esa necesidad». [2]

En efecto, cuando se acepta la vocación, por ese solo hecho, el pasado adquiere una especial significación, el presente se clarifica y el futuro comienza a marcarnos un derrotero que ansiamos seguir. Tenemos un plan de vida.

Hay que dejar bien claro que ese proyecto no será nada fácil. Por el hecho de tomar esa gran decisión no tendremos asegurado el éxito. El mayor logro será el de mirar hacia atrás y, luego de muchos años, haber permanecido.

En la base de esa permanencia estará, como elemento nuclear, la creatividad.

Inevitablemente debemos preguntarnos en qué consiste la creatividad, qué es, cómo podemos definirla. En reiteradas ocasiones se ha dicho que es la combinación de elementos preexistentes y que da como resultado algo novedoso. Se mezclan cosas ya conocidas y nace algo que, en apariencia, no existía. Y digo «en apariencia» porque en literatura, se ha dicho en múltiples ocasiones, «ya todo está escrito», aunque debemos subrayar que esta frase hecha no es del todo verdadera, pues siempre podrá alumbrarse un nuevo punto de vista.

Llorenç Guilera nos ofrece la siguiente definición: «La creatividad de una persona radica en la conjunción de una actitud, un conjunto de aptitudes y una manera de trabajar siguiendo un conjunto de reglas, técnicas y métodos. La creatividad de un resultado del proceso de creación (pensamiento, objeto o servicio) radica en la consecución de determinadas características».[3] Si nos apegamos a los conceptos transcritos, podemos analizar uno a uno sus componentes.

---

2   Reiner María Rilke. *Cartas a un joven poeta*. Premiá editora de libros. Colección *La nave de los locos*. 1989. Página 16.

3   Llorenç Guilera Agüera. *Anatomía de la creatividad*. Edición FUNDIT. Escola Superior de Disseny ESDi. 2011. Pág. 31.

Coincidimos plenamente con Guilera en que, en primer lugar, la creatividad es una actitud. La mirada se dirige al exterior y al propio interior con una permanente inclinación a la fantasía. Suele hablarse de tener «corazón de niño». Los niños, por naturaleza, tienen una marcada propensión al juego y al pensamiento lateral, divergente, no ortodoxo. No es que la lógica —en cualquiera de sus modalidades— sea poco beneficiosa, ni mucho menos; por el contrario, la mentalidad sistemática es indispensable para alcanzar diversas metas. Empero, una actitud imaginativa, creativa, expande los horizontes y es indispensable para quien cultiva cualquier disciplina artística.

La sociedad en que vivimos exige que seamos concretos, prácticos, realistas.

La creatividad no está peleada con esos términos. Se puede —y en muchas ocasiones se debe— tener inventiva y, a la vez, tender a la concreción. Empero, la actitud creativa implica con frecuencia romper moldes, atreverse, caminar senderos novedosos y, en ocasiones, arriesgados. El creativo es curioso, valiente, gusta de experimentar. Por supuesto, una conducta que busca la creación de universos ficticios no debe temer al error; de hecho, se acepta la propensión a la equivocación. Es el costo de la búsqueda de nuevos rumbos.

Otro aspecto importante de vivir la creatividad es el instinto. Muchas de las obras, así sean guiones audiovisuales, obras de teatro, e incluso cuentos o novelas, surgen luego de un proceso que aparentemente se da en la vigilia, pero se cocina en el inconsciente. Trataré de explicarme mejor.

En ocasiones estamos presionados para la elaboración de un texto, supongamos una obra de teatro por encargo. Esto conlleva hacerla bajo determinadas características que nos exige el productor: una historia de amor, teniendo en mente a cierta actriz y cierto actor, para un teatro comercial, de mediano presupuesto, para ser producida pronto, y más etcéteras.

De entrada nos sentiremos atados de pies y manos. Elaboramos un boceto pero no nos satisface. Garabateamos más alternativas pero no damos con el clavo. Nos sentimos perdidos porque, además, tenemos fecha límite. Quince días para mostrar el primer tratamiento. ¡Deseamos tirarnos por la ventana!

Cada minuto que pasa tenemos presente el trabajo que urge. Hasta en el menú del restaurante buscamos señales para elaborar la trama. Y nada. Nos sentimos bloqueados.

Pero suele suceder que, de pronto, en la madrugada, cuando apenas comenzamos a conciliar el sueño y estamos en ese estado en el que la frontera entre la realidad y el mundo onírico se difumina… la historia que estábamos persiguiendo se nos aparece como una revelación. Sentimos la impostergable necesidad de levantarnos de la cama para ir a la computadora y comenzar a escribir. La historia que no hallábamos empieza a perfilarse con claridad. Hemos vivido la experiencia creativa.

Vivir con una actitud creativa acarrea un efecto secundario que crece de manera exponencial: *la autoconfianza*.

El hecho de ver que nuestras ideas adquieren forma y sentido nos sitúa con solidez en el universo. Es verdad, lo que expresamos mediante una historia se ha dicho un millón de veces… pero nadie lo había dicho como nosotros lo estamos haciendo.

Indagar, experimentar, conocer las reglas para después romperlas, todo ese proceso nos infunde la fuerza necesaria para realizar las obras que deseamos. Es verdad que, por alguna inesperada rendija, siempre se cuelan la inseguridad, la incertidumbre, alguna sombra de duda… pero debemos tener el temperamento suficiente para vencer esas tentaciones.

Te sugiero como ejercicio frecuente el desarrollar un íntimo sentido rebelde y crítico: cuando veas una película, una serie de televisión, algún episodio por internet, una obra de teatro —ya sea que la emisión en cuestión te haya gustado enormemente o, por el contrario, te haya parecido nauseabunda— plantéate las posibles alternativas creativas; es decir, cómo lo hubieras hecho tú. Conforme lleves a cabo este ejercicio interior, verás cómo se potencia y expande tu creatividad.

He dicho un par de ocasiones que lo hagas en tu interior a fin de que los demás, tu círculo cercano, no te tache de «pesado» y «pedante»… Eso lo dejo a tu criterio. Pero recuerda que no todos ven con buenos ojos a los inconformes.

Seguimos analizando la definición de *creatividad* de Llorenç Guilera. Toca el turno a *las aptitudes creativas.*

Se trata de ciertas cualidades que, por lo regular, se poseen naturalmente y, en la medida en que se ejerce la tarea creadora, se agudizan y enriquecen. La enumeración que haremos no es exhaustiva. Tú puedes aumentar la lista.

En primer lugar Guilera ubica lo que él llama la *sensibilidad perceptiva.* Textualmente la describe como «la capacidad de captar a través de los sentidos el mundo que nos rodea y las distintas situaciones particulares, pero percibiendo detalles y matices que no todo el mundo ve». Me gusta la frase que el escritor catalán cita de Joy Paul Guilford: «La creatividad es la inteligencia de los sentidos».

Ser más sensible que la mayoría no es sencillo. Se está expuesto a intensidades de diversa índole. Se es sumamente vulnerable. En muchas ocasiones duele y en otras los goces son inigualables. Cuando se advierte esa característica, el artista debe vivir de acuerdo a ella, vigorizarla, incrementarla, cuidarla lo más posible, pues es fuente creativa.

Me parece importante hacerte la siguiente sugerencia literaria. Ya que el espectro de emociones de un alma altamente perceptiva, es vital para un escritor denominar las emociones y los sentimientos con los nombres más precisos posible.

Por lo común, se suelen confundir emoción y sentimiento. Se ha definido a las emociones como reacciones neuroquímicas y hormonales del organismo producidas por experiencias personales, internas o externas, percibidas de forma inmaterial. Un sentimiento es parecido a una emoción y está muy relacionado con el sistema límbico, pero además incluye una evaluación consciente que elaboramos sobre la experiencia percibida. Es decir, que en un sentimiento hay una valoración de la emoción y, en general, de la experiencia subjetiva.

La teoría de las emociones es un tema muy amplio. Me limitaré a comentarte que se han clasificado en *emociones básicas o primarias* —felicidad, tristeza, miedo, asco, sorpresa, ira—, *secundarias* —desarrollo de alguna de las básicas—, *positivas, negativas, ambiguas, sociales* —vergüenza, timidez, pudor—, *estéticas* —producidas por el arte— y *finalistas* —producidas por una meta—. Te sugiero que desarrolles una lista, lo más pormenorizada posible, de lo que consideres el universo afectivo. Esto será una herramienta muy útil en el momento de escribir, al igual que para tu desarrollo personal.

Otra aptitud creativa es la *inventiva*. Se la puede describir como la capacidad de dar usos distintos a los elementos disponibles, o usar métodos poco habituales para el logro de un objetivo. Esto requiere de capacidad de abstracción e imaginación y está íntimamente ligada con la originalidad y la innovación. Como puedes advertir, tiene conexión directa con el pensamiento lateral.

Cuando estamos aparentemente estancados, tratando de generar una nueva trama, lo aconsejable es la implementación de modos diversos, caminos distintos que nos produzcan nuevos aires creativos. Cambiando la perspectiva pueden venir mejores ideas.

El siguiente ejercicio es muy sencillo y tiene que ver con la inventiva. Ojo: procura que tus respuestas sean ágiles, inmediatas, fluidas. Viendo tu televisión, elige alguna película y presiona el botón que te muestra su resumen. Toma la frase de turno. Supongamos que dice: «Un grupo de muchachos viajan a Suiza buscando la tranquilidad de las montañas, pero en el trayecto encontrarán algo insospechado». En serio, esos resúmenes tan simples te pueden resultar de ayuda. Inventa por lo menos cinco desarrollos distintos a ese inicio. Como éste, tú mismo puedes idear varias ejecuciones similares para ejercitar tu inventiva.

Por último, la definición de Llorenç Guilera nos señala que la creatividad implica *una manera de trabajar siguiendo un conjunto de reglas, técnicas y métodos*. En otras palabras, la creatividad en general, y en nuestro caso la literaria, es un *proceso*.

¿Eso qué significa? Que bien o mal, caótico u ordenado, sistematizado o no, todo creador sigue una serie de pasos para conseguir su objetivo. En ocasiones, y esto no es de extrañar, puede ser que estemos persiguiendo una buena historia y de súbito nos llegue el final. Entonces, el proceso consistirá en ir aclarándonos el arranque de la trama, el perfil de los personajes, los nudos más relevantes. O quizás se nos revele el inicio y los complementos los iremos definiendo después, paso a paso. O tal vez comencemos por uno o varios personajes que nos parezcan atractivos, que nos seduzcan, y entonces nuestro trabajo sea colocarlos en el campo de batalla y ellos mismos nos irán dictando hacia dónde dirigir el conflicto. O incluso podemos sentir la necesidad de arrancar un relato a partir de una sola imagen y el resto se irá deshebrando casi de manera automática. Como podrás ver, las rutas pueden ser diversas y muy flexibles. No obstante, hay ciertos elementos que debemos atender.

La razón es que podría ocurrir que tuviésemos un arranque excelente, extremadamente intenso, con una tensión entre fuerzas opuestas de la que, suponemos, saldrá un guion para cine muy potente. Empero, corremos el riesgo de que si estructuramos de forma equivocada la historia, se nos diluya.

También podría ocurrir que hallemos los personajes ideales para una atractiva serie de TV, nos esmeremos en construirlos de forma vívida, lleguemos a conocerlos como a nuestros mejores amigos… pero la acción —más adelante tocaremos ese importantísimo tema— no sea nunca lo suficientemente sugestiva.

Tal pareciera que te estoy colocando en un laberinto sin salida posible. No es así.

En verdad, el proceso creativo es azaroso y complicado. Es más, debemos tomar en cuenta el factor *tiempo*. Ya sea por iniciativa propia, ya sea por encargo laboral, casi siempre obedecemos a fechas que tenemos que cumplir. Y con mucha o poca presión, es indispensable saber construir de manera adecuada.

Por fortuna, los Grandes Maestros de la Literatura se han ocupado de este tema y nos han dejado pistas valiosísimas que debemos escuchar. Vamos a indagarlas.

Sí, leíste bien. Mencioné a los Grandes Maestros de la Literatura, así, con mayúsculas. La razón es que para poder andar el camino más fiable para la creación de guiones o de obras de teatro el secreto está en el más antiguo de los géneros literarios: el cuento. Si conocemos los principios fundamentales de la creación cuentística —sobre todo la ejercida por los Grandes Maestros— se nos facilitará el proceso creativo de un guion dramático en cualquiera de sus formas.

Por ejemplo, el guionista Syd Field nos aconseja que lo primero que debemos aclarar es de qué tratará nuestra historia; por ende, hay que hacer un esfuerzo preliminar por definirla, hilvanarla, fijar el entorno donde habrá de desarrollarse, elegir los elementos básicos sin los cuales no podríamos contar la anécdota. Ese habrá de ser el punto de partida. Qué vamos a contar. Qué ocurre. Dónde. A quiénes. Y lo ideal es reducir al máximo el punto de partida, con el objetivo de ganar claridad. Hay que saber dónde estamos parados para, como nos aconseja Syd Field, poder ir hacia adelante y seguir una línea de acción clara, concisa, compacta.

Muchos teóricos aconsejan sujetarse a los siguientes puntos en el proceso creativo: saber el final antes de avanzar en la construcción de la trama; fijar una subtrama que fortalezca la principal; establecer el nudo principal; crear el punto de inicio de la historia.

A lo largo del presente volumen te habrás de encontrar con estas y otras recomendaciones. Hay que conocerlas y alguna te habrá de funcionar. Desde mi perspectiva, y después de haber trotado en mis talleres de creación literaria, he llegado a la conclusión de que lo primero que hay que abordar, ya sea para escribir desde una novela hasta guiones audiovisuales, es el cuento. Más adelante trataremos sus principales y apasionantes postulados. Antes, algo más sobre la creatividad.

Unas palabras sobre el
Creativismo vital

Todos podemos ser creativos. Todos tenemos historias que contar. Es un hecho incontestable que ejercer y desarrollar la creatividad mediante la confección de relatos tiene, de alguna manera, una función catártica que nos ayuda a desarrollar nuestra personalidad.

Quizá sea tu intención elaborar breves relatos que, en primera instancia, te emocionen a ti para, posteriormente, despertar sentimientos en otros lectores.

También es posible que quieras que esa primigenia narración se convierta, a la postre, en una obra de teatro, en una serie de televisión o en un guion de cine. ¡Claro que es posible!

¿Por qué afirmo esto? Porque la base de todos los demás formatos es el cuento. Más adelante tendré la oportunidad de mostrarte, mediante ejemplos y ejercicios, cómo funciona esa trasmutación.

Por lo pronto he de insistir en que la creatividad, y en el caso concreto la creatividad literaria, alberga enormes beneficios.

En primer lugar, es una actividad que te hace sentir una persona productiva. Pocas cosas se pueden comparar al orgullo de tener un libro publicado (desde ya te comento que esa será mi cordial invitación).

La creatividad literaria te individualiza, ayuda a definirte mejor, a marcar tus pautas personales, muestra tus prioridades, las cosas que te apasionan. Es sumamente inquietante —dicho sea en un sentido positivo— revisar lo escrito y asombrarse al descubrir lo que estaba dentro de ti.

Al escribir entramos en un intenso contacto con nuestra esencia. Es una espléndida forma de conversación íntima y estrecha con nuestra singularidad. La escritura nos hace conocer cosas «que no sabíamos que sabíamos».

Procuraré explicar mejor este punto: el escribir es un acto de inmersión consciente, pero durante el proceso se va accediendo a ciertas fronteras de la mente donde yacen personajes, situaciones, conflictos, diálogos y sitios insospechados. De ahí que escribir historias sea, en realidad, un acto de desnudez espiritual.

Elaborar relatos propicia que mejoremos diferentes capacidades, como la concentración, la verbalización, el vocabulario. Asimismo, nos ayuda a clarificar nuestras ideas, a tener una mayor fluidez de pensamiento y, por supuesto, a empatizar con las situaciones de los otros.

Para finalizar este punto, he de decirte que el escribir nos ayuda también a una introspección frecuente en la que podemos imaginar rutas alternativas, otras posibilidades, diversos escenarios, mundos paralelos.

Por supuesto, para obtener esos beneficios es importante que nos enfoquemos en obtenerlos.

TE ASEGURO QUE, SI TE LO PROPONES, EL PROCESO SERÁ SATISFACTORIO Y ENRIQUECEDOR

Ahora bien, puede suceder que haya en ti la intención de narrar, pero sientas que las musas se te han ido de vacaciones… y pareciera que no tuviesen boleto de regreso.

Bueno, pues hay que recurrir a diversos métodos para desbloquear la creatividad. Pero ¿cuáles son esos métodos?

Por fortuna, numerosos pensadores han dedicado sus reflexiones al tema de la creatividad. Lo han hecho de manera seria, disciplinada y sistemática, no simplemente exhortándonos con ese discurso tan de moda que nos arenga mediante frases del estilo de «¡échale ganas!», «¡busca dentro de ti!», «¡en tu corazón encontrarás la creatividad!».

Una escritora que se ha ocupado con profusión y acierto de la creatividad es Julia Cameron, quien nos aconseja principios básicos entre los que podemos mencionar: [4]

La creatividad es el orden natural de la vida. La vida es energía, pura energía creativa.

Existe una fuerza creativa subyacente que mora en el interior de todo lo que vive, incluyendo a nosotros mismos.

Cuando abrimos nuestra propia creatividad, nos abrimos a la creatividad del creador que está dentro de nosotros y de nuestras vidas.

Nosotros somos creaciones, y a la vez estamos destinados a mantener esa poderosa dinámica siendo creativos.

Cameron habla del proceso creativo imprimiéndole una alta dosis de espiritualidad. Claro está que hay quienes pueden compartir ese enfoque y quienes no. Lo que a mi modo de ver es interesante en ella es la perspectiva placentera de la creatividad a través de su generación metódica. Nos dice la escritora, «cuando aprendas a reconocer, alimentar y proteger a tu artista interior serás capaz de moverte más allá del dolor y de la parálisis creativa. Aprenderás maneras para reconocer y resolver tus temores, para limpiar tus cicatrices emocionales y fortalecer

---

4   Julia Cameron. *El camino del artista*. Traducción de Alejandra Vucetich. Editorial Estaciones. 2014. Página 3.

tu confianza. Habrá que explorar y descartar viejos prejuicios acerca de la creatividad».[5]

Un ejercicio recomendable, obra de Julia Cameron, es el que ella denomina *Las páginas de la mañana*. Actúan como una especie de drenaje cerebral. Consiste en escribir, apenas te hayas despertado, lo primero que te venga a la mente, sin ningún tipo de censura ni intenciones literarias o artísticas. Simplemente es anotar lo primero que se te ocurra y de forma fluida, sin interrupciones, hasta llenar tres páginas. *Para que dé resultados es necesario hacerlo a diario*. Paulatinamente se ganará en creatividad y se eliminará ese crítico interno que nos causa bloqueos.

Muchas veces ya tenemos cierta idea de lo que queremos escribir pero nos detenemos en seco, quizá temerosos de fallar a la hora del desarrollo del trabajo, dudosos de cómo solucionar nuestro texto. Es ahí cuando funciona elaborar alternativas de creación. Es introducirnos de lleno en el reino del pensamiento divergente, ese que busca las salidas oblicuas, tangenciales, desafiando el orden rectilíneo.

Ya que hablamos de esa forma distinta de pensar, me gustaría recomendarte las investigaciones sobre la creatividad y el pensamiento lateral que ha realizado Edward De Bono. Destaca su libro titulado precisamente *El pensamiento creativo*,[6] en el que defiende la tesis de que la creatividad se debe y puede desarrollar con un trabajo riguroso y serio.

Afirma el teórico maltés: «Hay quienes creen que los métodos sistemáticos y deliberados no pueden conducir a la creatividad porque toda estructura limita inmediatamente la libertad. Esto es una tontería. Existen, efectivamente, estructuras restrictivas, como las vías férreas o las cerraduras o los cerrojos; pero

---

5   Ibidem. Página 7.
6   Edward De Bono. *El pensamiento creativo*. Editorial Paidós. 2004. Páginas 19-20.

muchas estructuras son liberadoras. (…) No hay nada contradictorio en las técnicas sistemáticas que nos liberan para que podamos desarrollar nuevos conceptos y nuevas percepciones».

Desatar la creatividad literaria, propiciar la fertilidad de la imaginación, ejercitar la fantasía, son temas apasionantes que se reflejan inmediatamente en nuestras historias inventadas, en nuestras obras, en los personajes que creamos… y también en nuestra vida cotidiana.

He de decirte que creo fervientemente que la vida se debe vivir de manera artística, a fin de que adquiera un sentido más profundo.

Ese es el fondo de la tesis que he denominado *Creativismo vital*, pensamiento del que te hablaré en las páginas que integran otro volumen.

Mientras tanto, y precisamente como una forma de ejercitar la creatividad, te propongo comenzar a desvelar un misterio apasionante: ¿cómo comienzo mi historia?

Sentando las bases

¿Qué necesitas para escribir un cuento, o un guion, ya sea para teatro, cine o una serie de televisión?

Vayamos de las respuestas obvias a las que no lo son tanto. En efecto, te hacen falta lápiz y papel, por lo menos. O una añeja máquina de escribir. O una computadora. O un *iPad*. O una secretaria o secretario que te siga puntualmente el dictado. Y, claro está, una idea. El inicio de una idea. Con esto... ¡a esperar que todo fluya!

Un momento. ¡Paren las máquinas! No es tan fácil. Si realmente las cosas que han de ser trascendentes fueran fáciles de hacer, cualquier tipo o tipa se podrían colgar la medalla.

Más allá del impulso literario, de las ganas de plasmar en papel una historia, y más allá de partir de una idea que nos parezca excelente, para escribir un texto narrativo es indispensable sujetarse a ciertos presupuestos creativos. Ah, y eso sí... *mucha, muchísima paciencia.*

Con frecuencia me he encontrado con gente que tiene excelentes ideas pero al momento de concretarlas en el papel se pierde en la búsqueda del punto de arranque, o el ímpetu creativo se le va desinflando debido a la enorme disciplina que se requiere para escribir, o se enreda en un margallate de historias que convierten en poco legible un posiblemente interesante punto de origen. En una palabra, se carece de una técnica adecuada.

El conocimiento del método de trabajo, del *oficio del escritor*, no es algo esotérico, fruto de saberes herméticos, accesibles sólo para unos cuantos elegidos.

TÚ PUEDES HACERLO

Tú puedes descubrir si tienes facilidad para elaborar cuentos, textos dramáticos o guiones.

Eso sí, hay que tener presentes determinadas normas que son producto del quehacer de innumerables maestros que se cuestionaron cosas muy profundas acerca de la labor del escritor. En otras palabras, el trabajo que estás a punto de comenzar abarca tres factores primordiales:

1. Principios para propiciar la creatividad.
2. Elementos teóricos.
3. Aspectos técnicos.

Sin ser receta —en la creación literaria, como en diversos ámbitos del arte, no puede haber recetas—, la mezcla de los tres factores antes mencionados te ayudará a encontrar el camino de la escritura. Ya iremos desmenuzando, uno a uno, esos presupuestos.

Vale la pena citar las palabras de uno de los más grandes escritores de todas las épocas, William Faulkner, a quien se le planteó la pregunta de si existe alguna fórmula que sea posible seguir para ser un buen novelista —entiéndase de forma amplia el ser escritor—:

«99% de talento… 99% de disciplina… 99% de trabajo. El novelista nunca debe sentirse satisfecho con lo que hace. Lo que se hace nunca es tan bueno como podría ser. Siempre hay que soñar y apuntar más alto de lo que uno sabe que puede apuntar.

No preocuparse por ser mejor que sus contemporáneos o sus predecesores. Tratar de ser mejor que uno mismo. Un artista es una criatura impulsada por demonios. No sabe por qué ellos lo escogen y suele estar demasiado ocupado para preguntárselo. Es completamente amoral en el sentido de que será capaz de robar, tomar prestado, mendigar o despojar a cualquiera y a todo el mundo con tal de realizar su obra».[7]

Inquietantes palabras las de Faulkner. Ya habrá tiempo de atemperarlas, o de confirmarlas en su rotundidad. Lo cierto es que debemos fundir teoría, práctica y creatividad si queremos producir textos eficaces.

Otra faceta importante de la labor del escritor es algo que quizás te parezca fuera de lugar, pero no lo es: la fuerza de carácter.

Me explico: exponer nuestras ideas a los demás es, de alguna manera, mostrar nuestra auténtica forma de ser.

ESCRIBIMOS COMO SOMOS

Tanto en las historias que producimos como en la forma que elegimos dar, en anécdotas que resolvemos poner, o en los diálogos de nuestros personajes, va una buena parte de nuestras vidas. Lo que escribimos nace de una región de la intimidad que invadimos y le pedimos prestadas cosas para hacerlas parte de la fantasía. Si no son cosas nuestras, si provienen del exterior, las interpretamos. Así que cuando compartimos con alguien lo que producimos es como si nos quitáramos el escudo del rol que desempeñamos a diario y dijéramos, «mírame bien: así soy».

No es fácil. Hay dos posibilidades muy definidas. Una de ellas consiste en la reacción que mucha gente experimenta ante

---

7   *El oficio de escritor.* Trad. José Luis González. Ediciones Era. 1977. Pág. 170.

lo que buenamente les mostramos y tienden a la destrucción deliberada:

«Me gustaría ser escritor. Ese es mi sueño».

«Escritor, García Márquez. Tú mejor intenta algo más fácil».

O la misma conducta, pero un poco más velada:

«Lo que escribiste es... 'curioso'. Tiene buenas intenciones... En algunos años te saldrá algo mejor».

E incluso el ataque puede venir de manera tangencial. «Tu texto me recuerda uno que ya conocía. Es igualito... pero el otro sí me impactó».

Con estos ejemplos y sus variantes, que se podrían multiplicar hasta el infinito, pretendo decirte que una tendencia muy común en mucha gente es reaccionar de forma negativa ante nuestras creaciones. A algunos no les gusta del todo tener enfrente a un escritor, y la respuesta es elaborar comentarios... no muy edificantes.

Como tallerista he sido testigo de impulsos ocasionales a la crítica ácida, al gesto de asco ante la producción ajena, a la tala inmoderada de talentos con alto potencial. Es una lástima que en vez de propiciar el desarrollo creativo, en ciertos momentos se opte por un sistemático escepticismo. Y también es cierto que esas actitudes pueden provenir no de compañeros de un taller o escuela literaria, sino de nuestro círculo más cercano. Es como si a toda costa nos quisieran cortar las alas.

Ante esas vicisitudes debemos de actuar con enorme entereza, con una férrea confianza en lo que hacemos, con una inmensa seguridad de que nuestro camino es la creación literaria.

Si bien es cierto que debemos perfeccionar nuestro trabajo, no es menos cierto que hay que estar convencidos de que hemos tomado la ruta correcta. Es indispensable —como lo hiciera el mítico Odiseo— taparnos los oídos con cera y no escuchar las palabras hirientes o poco constructivas.

La otra posibilidad no es menos perniciosa. Muchas veces,

cuando terminamos algún escrito, deseamos conocer la opinión de nuestros allegados. Así, la primera en leer un guion de cine o de TV, o el borrador de nuestra obra de teatro, es la madre, la tía, el primo o la pareja de turno. Es entonces que vienen frases del calibre de...

«¡Qué emoción! ¡Tienes un talento... impresionante!».

O tal vez nos den la bendición y nos aconsejen:

«Sigue escribiendo, lo haces muy bonito, pero también dedícate a algo productivo».

O quizás, luego de terminar de leer nuestras cuartillas, se les escurra por la mejilla una conmovedora lágrima, al tiempo que dicen con voz entrecortada:

«Ay, mi cielo, desde que eras chiquito supe que ibas a ser un genio. Te voy a platicar mi vida para que hagas la novela».

Tanto las críticas negativas como las alabanzas ciegas nos pueden desviar de nuestro principal propósito: ser escritores. Eso, reitero, requiere de teoría, práctica y creatividad, así como del desarrollo de un oficio y una malicia narrativa.

Ahora bien, la necesidad de elaborar un texto literario puede venir por dos vías, las dos igualmente importantes:

a). **La iniciativa personal**: nace dentro de ti la urgencia de plasmar una historia, dándole forma de cuento, texto teatral, guion de radio, TV, cine o cápsulas en algún medio digital.

b) **La obra por encargo**: por ejemplo, una productora solicita un guion con determinadas características. Una historia dirigida para un público X, para cubrir las exigencias de un horario específico, con actores y actrices fijados de antemano y con un presupuesto determinado.

Las dos formas son válidas y ambas demandan máximo esfuerzo. Con frecuencia, la obra por iniciativa personal nos exige apurarnos, pues de lo contrario el entusiasmo original se va desdibujando. Por su parte, la obra por encargo casi siempre viene aparejada con una fecha de entrega que regularmente nos pone los pelos de punta y nos llama a trabajar horas extra.

Para no alargarnos en esta introducción y dar paso al tratamiento de los diversos temas que tenemos por delante, quiero compartir contigo un decálogo para escritores. Hay varios y de gran calidad. Quiero ofrecerte el de Carlos Fuentes. Sobra decir que fue un connotado autor mexicano de cuentos y novelas, así como de obras teatrales y guiones de cine. En una ocasión, con motivo de una conferencia magistral, leyó los siguientes diez puntos que encierran sus consejos para los escritores:

«*1. **Disciplina:** Los libros no se escriben solos ni se cocinan en comité. Escribir es un acto solitario y a veces aterrador, es como entrar a un túnel sin saber si habrá luz a la salida.*

Alfonso Reyes me enseñó que la disciplina es el nombre cotidiano de la creación, y Oscar Wilde, que el talento es 10% inspiración y 90% transpiración.

Es de resaltar que el autor de *La muerte de Artemio Cruz* coloca en la cima de la labor creativa el rigor en el trabajo. Sólo mediante la dedicación constante, diaria, tenaz, se puede lograr lo que se persigue. Incluso, apunta de forma certera que la disciplina propicia el acceso a esas zonas profundas de donde suelen surgir las mejores ideas.

*2. **Leer:** Leer mucho, todo y pronto. La vida no nos va a alcanzar para leer y releer todo lo que quisiéramos. El escritor debe ser un adelantado de la lectura, el protector del libro, el tábano insistente. Que el precio del libro no sea el obstáculo para leer en un país empobrecido. Que haya librerías públicas abiertas a todos. Que los jóvenes sepan que, si no hay dinero para comprar libros, hay bibliotecas públicas en donde leer libros.*

En este segundo punto Carlos Fuentes une dos propuestas. Una: se debe promover la lectura y fomentar la creación de más bibliotecas públicas —ya es sabido el proverbial abandono a la difusión y al apoyo que se da a la lectura en México, pero ese es otro tema y merecería ser tocado en otra ocasión—. Y dos: como escritores que somos o deseamos ser, debemos convertirnos en lectores voraces y despiadados. Libro que pueda caer en tus manos, libro que debe ser leído a la mayor brevedad.

Claro, siempre nos aturdirá el saber que es muy poco el tiempo del que disponemos y tantas las lecturas pendientes... La eterna interrogante de cómo saber qué se debe leer. Yo me atrevería a recomendar pensar en dos sentidos. Por un lado, las lecturas obligadas. Hay libros y autores a los que hay que conocer por fuerza. Ni modo. Por otro lado, hay literatura que nos apasiona, nos seduce, y esa se convierte en parte de nosotros mismos. Si ambas posturas convergen, qué mejor. Hay que tomar en consideración que lo que leemos, muchas veces, se transforma en parte esencial de nuestro mundo creativo.

3. *Relación entre tradición y creación: Las anuncio unidas porque creo que no hay nueva creación literaria que no se sostenga sobre la tradición literaria, de la misma manera que no hay tradición que perviva sin la savia de la creación. No hay Lezama sin Góngora, pero no hay desde ahora Góngora sin Lezama. El autor de ayer se convierte así en el autor de hoy y el autor de hoy en autor de mañana. Y es así porque el lector conoce algo que el autor del libro desconoce: el futuro. El siguiente lector de* Don Quijote *será siempre el primer lector de* Don Quijote.

Fuentes quiso hablar de la productiva combinación que puede darse entre tradición e innovación. Todo escritor debe estar atento a la tradición literaria que le precede y buscar la renovación, una vez tiene conciencia de las reglas establecidas.

4. *La imaginación: La loca de la casa. Abre con sus locuras todas las ventanas. La imaginación vuela y sus alas son la mirada del escritor. Mira, y sus ojos son la memoria y el presagio del lector. La imaginación es la unidad de nuestras sensaciones, liberadas. El as en que se reúne lo disperso. Imaginar es trascender, o por lo menos darle sentido a la experiencia. Imaginar*

es convertir la experiencia en destino, y salvar a este último, con
suerte, de la simple fatalidad.

Te pido no olvidar que la imaginación es y será la fuente principal de tu labor creadora. Hay que cuidarla como a una piedra preciosa.

5. ***La realidad literaria no refleja fielmente la realidad*** ***objetiva:*** *La esencia de la naturaleza literaria no sólo consiste en recordarnos que el mundo que nos rodea puede ser placentero o cruel, amigo o enemigo, sino crear mediante la imaginación una segunda realidad de la cual ya no podrá dispensarse la primera realidad física. La realidad literaria no se limita a reflejar la realidad objetiva, sino que añade a la realidad objetiva algo que no estaba allí.*

Este es un tema que ha sido abordado por innumerables analistas de la literatura y del arte en general. Si decides escribir un texto literario, lo menos apropiado sería copiar la realidad tal cual aparece de forma descarnada ahí fuera. Ocasionalmente pueden darse momentos artísticos ahí... pero serán la excepción. El arte condensa y moldea la realidad, la somete a sus normas. Este fenómeno de trasmutación sucede particularmente en un texto dramático, en un guion, que por su naturaleza demanda reglas muy específicas.

6. ***La literatura y el tiempo:*** *La literatura transforma la historia en poesía y ficción. La literatura ve a la historia y la historia se subordina a la literatura, porque la historia es incapaz de verse a sí misma sin un lenguaje. La literatura aporta a la ciudad la parte no escrita del mundo y se convierte en lugar de encuentro, no solo de personajes y argumentos, sino de civilizaciones, de lenguajes, de clases sociales enteras, de eras históricas, etcétera.*

Somos producto de nuestro tiempo y así lo hemos de reflejar en lo que escribimos. *Habla de tu ciudad y hablarás del mundo,* reza una famosa consigna. Más adelante habremos de referirnos a esa inapreciable oportunidad de darles vida a personajes que hemos conocido de cerca o de lejos, visto y oído de ellos.

7. Una vez publicada, la obra literaria deja de ser del escritor, y pasa a ser del lector: Le recomiendo al joven escritor no ocuparse ni preocuparse demasiado por la reseña periodística. Las buenas nos dan un poco de respiración y las malas nos hacen lo que el aire a Juárez. Consuélese pensando que no existe una sola estatua en el mundo en honor a un crítico literario. Toda una actividad que puede y debe ser noble y necesaria es a veces disminuida por quienes la practican movidos por la envidia o la frustración.

Ya hemos hablado al inicio de esta introducción sobre la cautela con que debemos tomar las críticas a lo que escribimos. Solamente quiero subrayar que lo que dice Carlos Fuentes sobre los críticos literarios… me hace reír mucho.

8. No se dejen seducir por el éxito inmediato ni por la ilusión de la inmortalidad: La mayoría de los best seller de una temporada se pierden muy pronto en el olvido. Y el bad seller de hoy puede ser el long seller de mañana. La eternidad, dijo William Blake, está enamorada de las obras del tiempo. Sean fieles a sí mismos, escuchen la voz profunda de su vocación. Asuman el riesgo, tanto de lo clásico como de lo experimental.

Los consejos de Fuentes me parecen excelentes. Por un lado, no dejarse arrastrar por el oropel del éxito. El escritor —ya sea de cuento, de una obra teatral, de un guion para cine o TV— debe ser humilde ante su oficio, ya que siempre tiene mucho que aprender. Cada proyecto que se aborda reclama retos novedosos. Eso sí, se debe estar atento a lo ya escrito y, cuando los tiempos lo permitan, arriesgar.

A reserva de tu mejor opinión, me quedo con la frase que recomienda ser fiel a sí mismo y escuchar la voz profunda de la vocación.

9. Posición social del escritor situado en un presente —entre el pasado y el futuro— que le impide sustraerse a la condición política. El escritor siempre cumple con una función social, manteniendo vivas en la escritura la imaginación y el lenguaje. Y

aunque no tenga opiniones políticas, contribuye a la vida de la ciu-
dad, de la 'polis', con el vuelo de la imaginación y la raíz del len-
guaje. No hay sociedad libre sin ella. No es fortuito que los regíme-
nes totalitarios traten de silenciar en primer término a los escritores.

Así sea elaborando una telenovela rosa, una narco-serie, una película palomitera o un documental radiofónico sobre inmigrantes, el escritor ejerce una función social. Se debe ser consciente de las responsabilidades que esto acarrea. Incluso en las obras por encargo, en las que se nos pide ceñirnos a determinadas pautas, es posible hacer oír nuestra voz.

10. Lo dejo en manos de todos ustedes, de su imaginación, de su palabra y de su libertad. [8]

¿Cuál consejo crees que faltaría añadir en este último lugar? ¿Alguno que sirva para el desarrollo personal? Te propongo que lo redactes en las siguientes líneas:

_____

_____

_____

¡Perfecto! Espero que en algún momento me hagas saber cuál fue tu propuesta. Ahora, entremos al corazón de nuestro trabajo: qué es el cuento.

---

8   Conferencia de Carlos Fuentes consultada el 14 de diciembre de 2017 en:
     https://www.youtube.com/watch?v=ywz1cdzOCnY.

Brevísimo recorrido de la historia del cuento

Refiere Miguel Díez que, según su etimología, la palabra *cuento* proviene del vocablo latino *computum*, que quiere decir *cuenta* o *cálculo*. Por un fenómeno semántico de traslación, de ser enumeración de cosas pasó a constituirse como la relación de sucesos o acontecimientos pertenecientes al mundo ficticio. [9]

Paradojas de la vida, las palabras *computadora* —herramienta moderna vital para escribir— y *cuento* tienen el mismo origen.

Ha sido interés de muchos escritores, así como de teóricos de la literatura, definir qué es *cuento*. El propio Díez nos dice en la página citada que:

«… de una manera muy sencilla y general, el cuento podría definirse como la narración de una acción ficticia, de carácter sencillo y breve extensión, hecha con fines morales o recreativos, de muy variadas tendencias a través de una rica tradición popular y literaria».

Debo decir que no comparto del todo el concepto de «*finali-*

---

9   Visto el 20/12/2017 en la recomendable página de Luis López Nieves dedicada al cuento *Ciudad Seva*: http://ciudadseva.com/texto/el-cuento-literario-o-la-concentrada-intensidad-narrativa/.

dad moral o recreativa» del cuento porque, si bien en su génesis pudo incluir esos objetivos, en la actualidad su finalidad —si es que posee alguna— es muy relativa. Estoy seguro de que autores como Charles Bukowski, Ernest Hemingway o Juan Carlos Onetti tampoco coincidirían plenamente con Díez.

El *Diccionario de términos literarios* nos ofrece una definición más escueta pero más precisa, sosteniendo que «el cuento pertenece al género narrativo, es de extensión breve y contenido anecdótico, mediante el que se relatan sucesos ficticios presentándolos como reales o fantásticos», y señala que la frontera entre cuento y novela corta con frecuencia es ambigua. [10]

El cuento, como tal, tuvo un origen eminentemente popular, hecho comprensible si atendemos a que su naturaleza es simple y compacta, pues desde sus inicios tuvo como objetivo facilitar su transmisión oral. Esta característica llega al extremo con las mini-ficciones. ¿Hasta dónde se puede reducir esa brevedad? Veamos tres ejemplos:

- El adivino (Jorge Luis Borges): *En Sumatra, alguien quiere doctorarse de adivino. El brujo examinador le pregunta si será reprobado o si pasará. El candidato responde que será reprobado...*
- Cuento de horror (Juan José Arreola): *La mujer que amé se ha convertido en fantasma. Yo soy el lugar de sus apariciones.*
- El dinosaurio (Augusto Monterroso): *Cuando despertó, el dinosaurio todavía estaba allí.*

Comencemos con **las tareas**. La primera que te sugiero es crear una mini-ficción. Verás que es muy divertido, pero no tan senci-

---

10   Ana María Platas. *Diccionario de términos literarios.* Ed. Espasa Calpe. 2004. Pág. 188.

llo inventar una historia compacta y contundente. Te propongo nuestro tema central: el Desarrollo Personal:

Mini ficción:

_____

_____

_____

Hagamos un brevísimo repaso histórico del cuento.

Iniciaremos con un dato que me parece notable. Un cuento —una epopeya— que tiene su origen en Sumeria hace alrededor de cuatro milenios y posee indudables paralelos con el cuento que conocemos con el título de la *Cenicienta*.

La historia nos narra las peripecias de la diosa del amor llamada Inanna. Ella se quejaba de los tratos miserables y vejatorios de los que era objeto, en tanto que a sus hermanas se les daba trato de diosas. Inanna, en su cruel situación, contaba con la ayuda de su fiel hermano, que no era otro que el famoso héroe Gilgamesh.

Pese a sus desventuras, ella recibe como regalo un árbol muy especial, que cuida y del que espera obtener su trono y su lecho nupcial. Inanna estaba enamorada de un príncipe pastor de nombre Dumuzi. Ambos se veían en secreto y bailaban a la luz de la luna. Inanna encuentra la oposición de varias criaturas, entre ellas la de Lilith. Finalmente Inanna logra desposarse con el pastor. Posteriormente ella deberá viajar al inframundo para, al parecer, rescatar a su esposo. [11]

---

11   Elsa Cross. *El descenso de Inanna: una prefiguración de los misterios*. Revista de la Universidad de México. Visto el 19/12/2017 en http://www.revistade-launiversidad.unam.mx/7009/pdf/70cross.pdf. Págs. 24-25.

Otros relatos cuentan que Inanna bajó a los infiernos y que fue allí retenida por su hermana Ereshkigal. Únicamente podría recobrar su libertad y regresar a la tierra si otra alma la remplazaba en el averno. Ella acepta, y sale acompañada de demonios en busca de un sustituto. Cuando ve que Dumuzi no se duele de su muerte y está cómodamente sentado en su trono, Inanna lo persigue, lo captura y lo lleva al infierno, lugar en el que pasará seis meses, y los otros seis meses del año lo sustituirá otra hermana de Inanna, Geshtinanna.

El relato de *Inanna* —*Ishtar* para los acadios— es considerado la primera historia de amor y sexualidad de la literatura.

Resulta particularmente significativo que, según acota Elsa Cross, dentro de los relatos primigenios se recurra frecuentemente a los viajes iniciáticos al inframundo buscando salvar a un ser entrañable, como el Popol Vuh, Perséfone, Orfeo, Savitri.

Según el interesante libro *Historia del cuento tradicional*, de Juan José Prat Ferrer, [12] otros antecedentes del cuento pueden ser localizados en Egipto —relatos fechados entre los años 2000 y 1600 a.C., entre ellos el cuento de *Los dos hermanos*—.

En la India tenemos el *Panchatantra*, una colección de relatos en sánscrito que datan de alrededor del siglo VI a.C. [13] También suelen citarse las fábulas milesias recopiladas por el griego Arístides de Mileto, del siglo II a.C.

La Biblia es un libro fascinante que combina toda clase de géneros narrativos. Sus relatos se sitúan entre los siglos XI y VI a.C. Muchas de sus historias proceden de Egipto o las culturas orientales vecinas. Los cuentos de la Biblia surgen de dos fuentes: mitología culta y tradición popular. A algunos de ellos se

---

12   Juan José Prat Ferrer. *Historia del cuento tradicional.* Ed. Fundación Joaquín Díaz Urueña. 2013. Pág. 43 y siguientes.
13   *Panchatantra, o cinco series de cuentos.* Trad. José Alemany Bolufer. Ed. Partenón. Arg. 1949. Pág. 7.

los ha ligado con mitos de otras civilizaciones, como el diluvio —con antecedentes en Acadia—, la historia del Edén, Caín y Abel, la torre de Babel, Moisés dejado en el cesto de mimbre, Sansón y Dalila o el relato de Jonás.

Este espacio es insuficiente para hablar de la literatura clásica griega, pero habremos de mencionar algunos de sus principales puntos.

Tanto la *Ilíada* como la *Odisea* son fuentes de innumerables relatos. Pese a ser ambos textos producto de legendarias tradiciones decantadas con el paso de los años y pertenecer al ciclo épico de Troya, la *Ilíada* y la *Odisea* tienen características peculiares que las diferencian una de otra. La *Ilíada* es una narración que se enfoca más en la guerra, en los motivos aristocráticos, con un aroma más histórico.

Juan José Prats nos hace ver que muchos de los elementos narrativos que se encuentran en la *Odisea* tienen relación directa con el cuento maravilloso —de influencias más *orientalizadas*— y nos da los siguientes ejemplos: los barcos feacios que navegan solos, sin necesidad de marineros que los guíen; Circe y sus diferentes hechizos, mediante los cuales convierte en animales a sus adversarios; la hierba *moly*, el potente antídoto contra la magia de Circe que Odiseo recibió de Hermes; Eolo, el rey de los vientos, que vive en una isla flotante y cuyos seis hijos se casaron con sus seis hijas; el canto de las Sirenas; la historia del caballo de Aquiles, que hablaba con voz humana; el caso del episodio que cuenta cómo Odiseo (Ulises) venció al gigante Polifemo.

Dentro de la tradición grecolatina, y particularmente cultivadores de la fábula, podemos nombrar a los muy conocidos Esopo —personaje legendario; su existencia es incierta— y Fedro —quien se basó en las historias esópicas—.

En la tradición narrativa latina sobresale Apuleyo y su serie de relatos titulados *El asno de oro* —aunque también fueron conocidos con el nombre de *Metamorfosis*—, que anticipan la novela de la picaresca y en donde se encuentra el cuento de lo que habría de llamarse años después *La bella y la bestia*. También resaltan las *Metamorfosis* de Publio Ovidio Nasón —suele afirmarse que este libro es la máxima creación literaria de Roma—; se trata de una serie de cuentos que combinan mitología con lecciones morales. Igualmente son de mencionar Quinto Horacio Flaco —*Sátiras*—, Luciano de Samósata —*Relatos verídicos*—, Décimo Junio Juvenal —*Sátiras*— y Cayo Petronio Árbitro —*Satyricón*—.

Las mil y una noches es el texto literario más importante de la cultura árabe. Consiste en una recopilación medieval de cuentos tradicionales pertenecientes al Oriente Medio. Gran parte de sus historias no se originan en esa área del mundo, sino que provienen de sitios tan lejanos de Arabia como Egipto, Persia, Siria y hasta Indochina. Es una obra anónima, tradicional y colectiva, creada por tres pueblos: el hindú, el árabe y el persa, en un proceso que llevó alrededor de quince siglos. La recopilación se llevó a cabo en el siglo IX. *Las mil y una noches* relata un cúmulo de historias que se van entrelazando y desprendiendo una de otra, tal como cajas chinas.

El libro arranca cuando el rey Schahriar, después de padecer varios desengaños amorosos, resuelve tomar como esposa a una mujer distinta cada día. La «afortunada» será ejecutada al amanecer del día siguiente. Sin embargo, una joven de extremada inteligencia llamada Scherezade se casa con el monarca, y decide llevar a cabo un plan para detener los crímenes. Ella logra persuadir al rey para que posponga su ejecución hasta que pueda terminar una historia. Es así como Scherezade le cuenta una cadena de cuentos de los que se desprenden otros cuentos que originan otros relatos más.

En la Edad Media se da al cuento una gran difusión, si bien no con esa denominación sino como los llamados *exemplos*, o las populares fábulas. Estos textos eran dados a conocer de forma oral, o bien intercalados en obras más extensas, o en las también ya citadas recopilaciones de cuentos.

En la época mencionada nacen las historias de caballería, fundamentalmente con el autor francés Chrétien de Troyes y la saga artúrica.

Para no extenderme demasiado en el tema de la literatura medieval, únicamente mencionaré como relevantes *Calila y Dimna* (colección de relatos hindúes fechada en 1251, mandada a traducir por Alfonso X el Sabio), *El Conde Lucanor*, de Don Juan Manuel y las veinticuatro historias que conforman *Los Cuentos de Canterbury*, de Geoffrey Chaucer.

Una curiosidad citada por Juan José Prat Ferrer: «Una fuente indispensable para las tradiciones británica y galesa es la *Historia Regum Britanniae* (historia de los reyes de Bretaña), de Geoffrey de Monmouth (1100-1155) y que tiene como propósito narrar la historia de Gran Bretaña desde el asentamiento legendario de Bruto de Troya, descendiente de Eneas, hasta la muerte de Cadwallader en el siglo VII, pasando por las invasiones y gobierno de los romanos y las leyendas artúricas. En esta obra se encuentra el cuento titulado *El amor como la sal*, historia que inspirará el *Rey Lear* de William Shakespeare.

Éste es el cuento:

Un rey preguntó a sus tres hijas cuánto lo querían; las dos primeras compararon su amor con cosas preciosas o dulces, pero la más pequeña dijo que lo amaba tanto como a la sal. El padre, ofendido, la expulsó. La princesa se marchó a servir a otro país y acabó casándose con su rey. Entonces hizo que se invitara a su padre a que visitase el país. En la comida, le sirvió alimentos sin sal. El padre se dio cuenta del error que había cometido con su hija menor y entonces ella reveló su identidad». [14]

Finalmente, nos refiere Prat que, en cuanto a las obras medievales más importantes de los países germánicos, se encuentra la *Gesta danorum* o *Historia dánica*, del siglo XII. Su autor fue el

---

14   Juan José Prat Ferrer. Op.cit. Pág. 124.

danés Sajón Gramático, quien trató de reconstruir la historia de su país con base en mitos y leyendas. En esta obra aparece la primera versión de Hamlet, llamado en la *Gesta* Amleth.

El *Decamerón*, obra escrita a mediados del siglo XIV por el escritor italiano Giovanni Bocaccio, es una colección de cuentos, o *novelle*, que ha perdurado hasta nuestros días —producto, justamente, de una cruel epidemia—. De esta época es también *Il Novellino*, de Masuccio Salernitano, compilación de historias en la que aparece la historia de Romeo y Julieta (*Mariotto y Ganozza*).

El término *cuento* aparece en el Renacimiento vinculado a la palabra *novela*, que es un diminutivo del latín *nova*, en italiano *nuova* y *novella*, con el significado de breve noticia, pequeña historia. *Novela* llegará a designar las narraciones «escritas» cortas y se empezará a emplear *cuento* para las narraciones cortas de tono popular y carácter «oral», y también para los chistes, anécdotas, refranes, etc. En épocas ya posteriores, la palabra *novela* se reservará definitivamente para las narraciones literarias extensas.

Durante el Renacimiento y el Barroco se cultiva el cuento de manera prolífica y su influencia será determinante en los siglos posteriores, particularmente en el XIX. La lista de autores y obras es interminable. Baste mencionar a Charles Perrault —*La bella durmiente del bosque, Caperucita roja, Pulgarcito, Barba azul, El Gato con botas*—; Miguel de Cervantes —*Novelas ejemplares*—; Karl Friedrich Hieronymus, el Barón de Münchhausen —las exageradas aventuras que contaba a sus amigos se tornarían muy populares—; *El Lazarillo de Tormes*, relatos hilvanados sobre un personaje protagónico.

Es de citar en este periodo histórico al neoclásico Jean de La Fontaine, quien adaptó a la Europa de su época las fábulas de Esopo, Fedro y otros autores clásicos. Sus fábulas son catalogadas como la cima del neoclasicismo francés.

En el Romanticismo, la denominación *cuento* es aplicada a las narraciones, ya sea en verso o en prosa, de carácter popular, legendario o fantásticas, aun cuando para estas últimas también se utilizan los términos *leyenda, balada*, etc.

En el siglo XVIII hay varias figuras que destacan en la cuentística universal. Son de mencionar Jacobo y Wilhelm Grimm, que con sus *Cuentos infantiles y del hogar* difundieron relatos que llegan hasta nuestros días. Los hermanos Grimm fueron estudiantes de Derecho y tuvieron como maestro a un eminente jurista, Friedrich Karl Von Savigny, quien postulaba que el espíritu del pueblo radicaba en las tradiciones populares. Esa idea impulsó a los Grimm a estudiar el lenguaje, las costumbres y las historias folclóricas. Así, las investigaciones eruditas de estos hermanos dieron a conocer al mundo cuentos como *Hansel y Gretel, Blancanieves, Juan sin miedo, Rapunzel* y varias decenas más.

Ernest Theodor Amadeus Hoffman (1776-1822) fue un artista que abarcó diversas disciplinas, como la arquitectura, el dibujo, la música y, por supuesto, la literatura. Escribió cuentos que dejaron honda huella en diversos autores de la talla de Edgar Allan Poe, H.P. Lovecraft, Franz Kafka o Jorge Luis Borges. Entre sus cuentos más célebres se suelen mencionar *Los elixires del diablo, El hombre de arena* y, claro está, *El cascanueces y el rey de los ratones*, que dio pauta al conocido ballet de Tchaikovski.

Por esa época, en Dinamarca surgió otro cuentista, Hans Christian Andersen (1805-1875), quien publicó *Historias de aventuras para niños* y *Cuentos nuevos*, que incluía textos inmortales, como *Las zapatillas rojas, El patito feo, La princesa y el guisante, El traje nuevo del Emperador, La vendedora de fósforos* y *La sirenita*.

En Inglaterra, Charles Dickens, además de novelas, produjo cuentos excelsos, al igual que Jonathan Swift, autor del famoso relato *Los viajes de Gulliver*, Rudyard Kipling, Robert

Louis Stevenson, W. Somerset Maugham y, por supuesto, Lewis Carroll, creador de *Alicia en el país de las maravillas*. Mención especial merecen Óscar Wilde y Arthur Conan Doyle, máximas figuras de la cuentística universal.

Durante el siglo XIX Italia también conocerá el nacimiento de grandes cuentistas, como Carlo Collodi, Edmundo de Amicis y Emilio Salgari.

Entretanto, ya plenamente dentro de la literatura realista, Francia producirá novelistas y cuentistas de excelencia como Honoré de Balzac, Víctor Hugo, Alejandro Dumas, Gustav Flaubert y particularmente Guy de Maupassant, gran cultivador del cuento. Resulta de particular interés el caso de Julio Verne, prolífico y genial impulsor de la literatura de ciencia-ficción.

En Estados Unidos, por esos años emergen grandes creadores de cuentos. La lista es extensa: Washington Irving, Lyman Frank Baum —creador de relatos como *El maravilloso mago de Oz*—, Mark Twain, O. Henry, Herman Melville, Henry James, Nathaniel Hawthorne, Louisa May Alcott...

Edgar Allan Poe amerita un tratamiento aparte. Además de producir textos inmortales como *El barril de amontillado, El gato negro, Manuscrito hallado en una botella, El pozo y el péndulo, La caída de la Casa Usher, La máscara de la Muerte Roja*, se le tiene como el creador del género policial con relatos como *Los crímenes de la calle Morgue* y *La carta robada*. Poe es autor de uno de los más importantes ensayos que se han escrito sobre el arte del cuento y ahí, de alguna manera, fija las reglas del cuento moderno.

Para Rusia, el siglo XIX es su época de oro. Basta ver los siguientes nombres para constatar la verdad de esa afirmación: Alexandre Pushkin, Nicolás Gogol, León Tolstoi, Fiódor Dostoievski. Con todo, y a pesar de esos grandes narradores, el cuentista más importante es Antón Chéjov.

En el siglo XX y lo que va del XXI la lista de cuentistas es inabarcable. Cualquier tipo de enumeración caería en errores e inevitablemente se dejaría fuera algún nombre vital. Me limitaré a aludir a algunos nombres relevantes.

En España, los grandes cultivadores del género son innumerables. Baste mencionar a Emilia Pardo Bazán, Miguel de Unamuno, Vicente Blasco Ibáñez, Pío Baroja o Azorín, conformando una estirpe que llega hasta Camilo José Cela... y el número no deja de crecer en este siglo XXI.

William Faulkner es autor de novelas extraordinarias y cuentos de un oficio impecable —*Una rosa para Emilia*—; Franz Kafka es considerado un profundo escritor metafísico. Su obra ha tenido honda repercusión en las generaciones posteriores y aún es digna de estudio. Ha habido teóricos que afirman que, más que cultivador del cuento, creó todo un género específico, el relato centrado en la razón —*Ante la ley; En la colonia penitenciaria*—; Katherine Mansfield es una inteligente narradora, con textos admirables como *Felicidad y otros relatos*; James Joyce sobresale con su libro de cuentos *Dublineses*; Ernest Hemingway y Raymond Carver renovaron la cuentística norteamericana; además de sus novelas, Hermann Hesse también posee una serie de cuentos inapreciables; Giovanni Papini tiene entre sus notables libros de cuentos *Gog* y su secuela *El libro negro*.

Flannery O'Connor tiene, a mi modo de ver, una de las técnicas cuentísticas más depuradas. *Un hombre bueno no es fácil de encontrar* es un claro ejemplo.

Si ya en el siglo XIX Latinoamérica había dado muestras de ser tierra de grandes cuentistas —Joaquim Machado de Asís, por poner un solo ejemplo—, en el siglo XX se colocaría en un sitio protagónico. Podemos nombrar a Felisberto Hernández —*Las dos Hortensias*—; Horacio Quiroga —*Cuentos de amor, locura y muerte*—; Alejo Carpentier —*Viaje a la semilla*—; Juan Rulfo —*El llano en llamas*—; Gabriel García Márquez —*Ojos de perro azul*—; Mario Vargas Llosa —*Los jefes; Los cachorros*—; Julio Cortázar —*Bestiario, Final de juego, Todos los fuegos el fuego, Queremos tanto a Glenda*—; Juan Carlos

Onetti —*La novia robada y otros cuentos*—; Rubem Fonseca —*Lucía McCartney*—.

Me permito transcribir la opinión de Guillermo Cabrera Infante acerca de Jorge Luis Borges:

Aquí llegamos a la gran literatura no solo regional o continental, sino mundial, universal incluso. Ahora viene y la trae con ella Jorge Luis Borges. No ha habido en el idioma un escritor más grande desde que Calderón de la Barca murió en Madrid en 1681. Cualquiera que haya leído un cuento de Borges (y afortunadamente Borges escribió cuentos y ensayos como cuentos) se da cuenta de que está frente a un escritor excepcional. Fue Borges quien dijo de Quevedo que no era un escritor sino una literatura. Con mayor justicia se puede afirmar que Borges es una literatura. Él solo, en su lejano Buenos Aires que después de él nos quedará siempre cerca, ahí al lado, al doblar de una página, sólo Borges ha hecho del cuento toda una literatura, y aún más, una teoría literaria. [15]

Esta brevísima e incompleta relación tuvo dos objetivos: por un lado, enfatizar la necesidad de conocer muy de cerca la técnica de los maestros del género, ya que como hemos indicado en líneas precedentes, el cuento ofrece bases sólidas y seguras para elaborar obras dramáticas y guiones de toda índole; por otro lado, el contar con un nutrido bagaje cuentístico como el que hemos recomendado podrá funcionarte como elemento inspirador de ideas. Además, conocerlos te aportará ingredientes para un valioso desarrollo personal.

---

15   Guillermo Cabrera Infante. *Y va de cuentos*. Sept. 2001. Año III. Núm. 33.
      Pág. 18.

Las reglas del cuento

Ahora vamos a repasar cuáles son los elementos que conforman un cuento. Por supuesto que, como en toda disciplina artística, hay diferentes posturas. Lo que te expondré es una hipótesis de trabajo producto de mis talleres de narrativa.

Conocer los ingredientes te facilitará ser más certero al crear un relato, saber de qué puntos adolece, qué te haría falta enfatizar o robustecer.

HISTORIA

Como primer factor está la historia. Con frecuencia este término se confunde con trama. No son lo mismo. La historia está conformada por la serie de sucesos que se narran. Hemingway afirmaba que un cuento estaba construido por dos historias, una evidente y otra oculta, y al final emergía la historia subterránea. Ricardo Piglia retoma el asunto y define casi de la misma manera: un cuento consta de dos historias, una reconocible, sobresaliente —el argumento—, y otra secreta, que es la clave, el sentido del cuento.

Lauro Zavala asevera que el cuento clásico es *circular* porque posee una verdad única y central, es *epifánico* porque resuelve una sorpresa final, secuencial porque tiene orden cronológico, *paratáctico* porque cada fragmento da paso al subsecuente, y *realista* porque está sostenido en observaciones genéricas. [16]

Es de hacer notar que, como señala Ricardo Piglia, el cuento moderno —tradición que viene de Chéjov, Sherwood Anderson, Katherine Mansfield o James Joyce— ya no recurre al final sorpresivo y la estructura cerrada, pues tiende a elaborar una tensión entre dos historias —una explícita y otra implícita— sin resolverla nunca. La historia subterránea, tangencial, se cuenta de un modo cada vez más elusivo. El cuento clásico contaba una historia anunciando abiertamente que había otra. Piglia afirma que el cuento moderno se propone narrar dos historias como si fueran una sola. [17] A esto hay que añadir que, además, el cuento moderno *rompe* el orden cronológico, secuencial de las situaciones que conforman la historia, presentando un mosaico que el lector debe resolver.

La pregunta en la que debemos insistir es... ¿de dónde salen esas historias? Ya hemos dicho que el escritor genera su material de su propia experiencia, su imaginación, su observación. Vargas Llosa lo aclara de la siguiente manera:

En cuanto a los temas, el novelista se alimenta de sí mismo, como el catoblepas, ese mítico animal que se le aparece a San Antonio en la novela de Flaubert (La tentación de San Antonio) y que recreó Borges en su Manual de Zoología Fantástica. El catoblepas es una imposible criatura que se devora a sí misma, empezando por sus pies. En un sentido menos material, desde luego, el novelista está también escarbando en su propia experiencia, en pos de asideros para inventar historias. Y no solo para

16 Lauro Zavala. *Un modelo para el estudio del cuento*. Visto el 15/12/2017 en http://www.uam.mx/difusion/casadeltiempo/90_jul_ago_2006/casa_del_tiempo_num90-91_26_31.pdf.

17 Ricardo Piglia. *Tesis sobre el cuento*. Visto el 23/12/2017 en http://ciudad-seva.com/texto/tesis-sobre-el-cuento/.

recrear personajes, episodios o paisajes a partir del material que le suministran ciertos recuerdos. También, porque encuentra en aquellos habitantes de su memoria el combustible para la voluntad que se requiere a fin de coronar con éxito ese proceso, largo y difícil, que es la forja de una novela. [18]

El escritor hurga en sus vivencias para buscar las historias. **Correctamente trabajado, eso puede acarrear un creativo Desarrollo Personal**.

Ahora bien, ¿qué historias son las adecuadas? Las que conllevan algún conflicto, algo por resolver, un tipo de tensión que se irá solucionando —o agravando— a lo largo de nuestro texto.

Han existido doctrinarios que han intentado reducir a fórmulas las posibles historias. Esto nos remite a una curiosidad intelectual. Circunscribir la creación a unas cuantas posibilidades ha resultado un tanto infructuoso. Traeré a colación un breve ejemplo para que saques tus propias conclusiones.

En primer sitio está la Teoría de Gozzi y sus 36 situaciones dramáticas. Carlo Gozzi fue un escritor que, según él, había descubierto que en literatura sólo había treinta y seis argumentos. Incluso hizo conocer su tesis a Goethe y a Schiller, quienes al parecer no estuvieron muy de acuerdo. La lista se perdió por un tiempo hasta que, ya en 1895, el escritor francés Georges Polti estudió y difundió ese listado —otro francés, Etienne Souriau, fue un «poco» más allá y dijo que en realidad había 210.141 situaciones posibles—. Éste es un resumen de la lista de Gozzi:

1. Súplica: Sus elementos son un perseguidor, uno que suplica y una autoridad de dudosas decisiones.
2. Rescate: Hay uno que amenaza, uno que sufre y un salvador que rescata.

---

18   Mario Vargas Llosa. Op.cit. Pág. 23.

3. El crimen perseguido por venganza (no por la autoridad): Hay un criminal y uno que toma venganza de él.

4. Venganza de parientes sobre parientes: Hay un pariente culpable, un pariente vengador, y la víctima es pariente de ambos.

5. Persecución: Un fugitivo y alguien que lo persigue para castigarlo.

6. Desastre: Reinos que caen, catástrofes naturales o accidentes anunciados.

7. Víctimas de la crueldad o la desgracia: Un inocente es víctima de la intriga o la ambición.

8. Rebelión: Hay un tirano y un conspirador.

9. Empresas atrevidas: Elementos: un líder audaz y un poderoso adversario.

10. Secuestro: Elementos: el secuestrador, el secuestrado y la autoridad.

11. Enigma: Hay un investigador que debe resolverlo.

12. Logro o consecución: Hay uno que pide y su adversario que niega.

13. Enemistad de parientes: Elementos: un pariente malévolo y un pariente odiado.

14. Rivalidad entre parientes o amigos. Pugna entre dos por un motivo.

15. Adulterio homicida.

16. Locura: Elementos: el loco o la loca y sus víctimas.

17. Imprudencia fatal: Elementos: el imprudente, la víctima de la imprudencia o el objeto u objetivo perdido por imprudencia.

18. Crímenes involuntarios de amor: Ejemplo: descubrimiento súbito, inesperado y trágico de que alguien se ha casado con una persona prohibida.

19. Asesinato de un pariente no reconocido: Elementos: el asesino y la víctima no reconocida.

20. Autosacrificio por un ideal: Elementos: un héroe y el ideal por realizar.

21. Autosacrificio por los parientes: Ejemplo: la vida sacrificada para salvar la de un pariente o persona amada.

22. Todos sacrificados por una pasión: Elementos: el enamorado, el objeto de la pasión fatal, la persona sacrificada.

23. Necesidad de sacrificar personas amadas: Hay un héroe, una víctima amada y la necesidad de sacrificarla.

24. Rivalidad entre superior e inferior: Elemento: un rival muy superior y la necesidad de enfrentarlo.

25. Adulterio: Un esposo o una esposa traicionada, o los dos adúlteros.

26. Crímenes de amor: Ejemplos: una madre enamorada de su propio hijo, una mujer enamorada de su hijastro, hermano y hermana enamorados, etc.

27. Descubrimiento de la deshonra de la persona amada.

28. Obstáculos de amor: Elementos: dos que se aman, el obstáculo.

29. Un enemigo amado.

30. Ambición: Hay una persona ambiciosa, un objeto codiciado, un adversario.

31. Conflicto con Dios: Elementos: un mortal, Dios (el inmortal).

32. Celos equivocados o erróneos: Ejemplo: los celos erróneos se originan en la mente misma del celoso.

33. Juicios erróneos: Elementos: el equivocado, la víctima del error, la causa o autor del error, la persona verdaderamente culpable.

34. Remordimiento: Ejemplo: remordimiento por un crimen, un error o un pecado que se mantiene en secreto.

35. Recuperación de una persona perdida: Elementos: el perdido, el que lo encuentra.

36. Pérdida de personas amadas: Ejemplos: se presencia el asesinato de un pariente o una persona amada sin poder evitarlo; la desdicha que cae sobre una familia a través del

secreto profesional; presentimiento de la muerte de una persona amada. [19]

Con este ejemplo lo que quiero decirte es que siempre ha existido la intención de clasificar las historias, tal vez en un afán de controlar un material que, de suyo, es incontrolable. A pesar de que la vida pueda reducirse a un determinado número de situaciones, las historias, sus combinaciones, sus derivaciones, son interminables. Decir lo contrario sería tanto como afirmar que, como únicamente hay siete tonos musicales, el número de melodías posibles sería limitado.

Un par de conceptos más. Toda historia toca un tema. El *tema* es la idea central, el corazón de la historia, y puede ser resumido en una frase corta y abstracta. Serán temas el honor vulnerado, lo efímero de la vida, la injusticia de una ley humana, etc.

Una historia —el primer elemento del cuento— se compone de una secuencia de sucesos, acontecimientos, hechos, anécdotas. Luego entonces, la unidad mínima es ese suceso, al cual se le irán añadiendo otros para, así, desarrollar nuestro relato. En todos ellos deberá de haber **unidad temática**.

ESTRUCTURA

Supongamos que ya tenemos una historia que nos seduce, nos atrae, deseamos contarla. Pues bien, esa historia ha de ser contada con determinada *estructura* —segundo elemento—.

Como hemos dicho, nuestra historia consta de una cadena de eventos que pueden ser expuestos de diversas formas. Si el cuento

---

19   Tomado de: https://exerciseyourfingers.wordpress.com/2019/06/25/las-36-situaciones-dramaticas-de-georges-polti/

clásico recurría a un orden secuencial progresivo —1,2,3,4,5...
etcétera—, el cuento moderno suele alterar el orden de presentación de esa secuencia —5,7,3,2,6...— buscando que pese al aparente desorden prevalezca una coherencia interna.

Se puede definir, pues, a la estructura como «la disposición u organización que adoptan los distintos componentes de la obra, de manera que cada uno de ellos no tiene sentido por sí solo, sino dentro del conjunto que forman». [20]

La estructura de tu cuento o guion va a depender, además, del tiempo, el espacio, la acción y evolución de los personajes; a todo esto en conjunto se le denomina **estructura interna**.

No obstante, al ser elegida una parte de la vida para ser representada en sucesos o escenas, por fuerza debe haber una introducción, un nudo y un desenlace. *Estos tres elementos los deberás tener muy claros.*

Ahora bien, otra pregunta indispensable es: ¿cuántas formas estructurales hay? Tantas como alcance la imaginación. La disposición de los elementos permite un sinnúmero de maneras, siempre que se logre la persuasión del lector o espectador.

La forma básica es la cronológica lineal, ya aludida. Si bien es propia de los cuentos clásicos, aún se sigue utilizando y sigue siendo efectiva. En ella, el orden de presentación de los elementos es siguiendo un curso de progresión natural. Esto, claro está, no es perfecto, pues siempre será necesario dar saltos en el tiempo, hacer atajos en la narración, dejar de lado detalles que consideremos dignos de soslayar.

Otra estructura utilizada con frecuencia es la *circular* o *no lineal*. Se empieza y se finaliza en el mismo punto. Por lo general, el cuerpo de lo narrado se desarrollará de tal manera que, al regresar a la escena inicial, nos revele la situación de fondo de esa escena primigenia.

---

20   Ana María Platas. Op.cit. Página 295.

La *estructura en espiral* es recurrente tanto en narrativa como en dramaturgia o guionismo. Se parte de un presente en el que conocemos una situación determinada. Posteriormente, se irán alternando escenas del pasado con las del presente. Cada escena del pasado expuesta deberá ir desvelándonos nuevos aspectos, y cada regreso al presente igualmente irá avanzando.

En la *estructura caótica* se nos expondrá una serie de sucesos con un supuesto desorden. Como hemos afirmado antes, la habilidad del escritor deberá provocar que en el caos haya una congruencia persuasiva.

Más compleja es la *estructura en orden cronológico inverso*. La primera imagen nos presenta un hecho determinado, inquietante, y cada segmento subsecuente viaja hacia el pasado para revelarnos cómo se inició dicho pasaje. Encontramos un excelente ejemplo en *El viaje a la semilla*, cuento de Alejo Carpentier. El texto da inicio con un viejo infeliz y una casa añeja y desgastada a punto de ser demolida. Conforme avanza la narración, se cuenta en retroceso la historia de Marcial, Marqués de Capellanías, pasando por su juventud, su adolescencia, su niñez, hasta llegar a su concepción.

TRAMA

La estructura implica otro elemento fundamental: la *trama*. Como hemos dicho, una historia está compuesta de diversos sucesos. La mano del autor determinará la forma en que esos hechos irán entrelazados, en*tramados*. Si *trama* es, en sentido general, un conjunto de hilos que cruzados con los de la urdimbre, forman una tela, en sentido literario será la secuencia que el autor elige para entrelazar su material, ya sea hechos, tiempos, espacios, personajes, etc.

NARRADOR

¿Por qué es importante que un escritor o guionista conozca los tipos de narradores que hay en un cuento o en una novela? Porque al momento de idear un guion, el punto de vista de la cámara adquiere el papel del narrador.

El *narrador* es el elemento nuclear de cualquier historia. Puede participar en la acción, ya sea de forma directa ya sea indirectamente, o limitarse a relatar. Incluso puede haber combinaciones de esas funciones. Todo narrador es un personaje de ficción. Él nos determina personajes, espacio, tiempo, sucesos. La labor más delicada de un escritor es elegir quién —o quiénes— relatarán su historia.

El ejercicio elemental para saber quién cuenta la historia es establecer la persona gramatical: *yo, tú, él, nosotros, ustedes, ellos.* El narrador elegido tiene tanto ventajas como dificultades que habrá que sortear. Todo aquel que relate posee información que debe ir suministrando y, obviamente, también desconoce cosas. Hasta el omnisciente decide qué contar y qué no. Cada voz narrativa tiene especificidades. Pondré algunos ejemplos de las formas singulares:

Primera del singular: *Para que el sombrero pudiese penetrar en mi testa, decidieron cortarme las dos orejas. Admiré sus deseos de exquisita simetría, que hizo que desde el principio su decisión fue de cortarme las dos orejas. Me sorprendió que tan lejos como era posible de un hospital, me fueran arrancadas con un bisturí que convertía al rasgar la carne en seda. Una urgencia como si alguien estuviese esperando en compraventa mis dos orejas.* (José Lezama Lima. *Invocación para desorejarse*).

Segunda del singular: *Estás a punto de empezar a leer la nueva novela de Ítalo Calvino,* Si una noche de invierno un viajero. *Relájate. Concéntrate. Aleja de ti cualquier otra idea. Deja que el mundo que te rodea se esfume en lo indistinto. La puerta es mejor cerrarla; al otro lado siempre está la televisión encen-*

dida. Dilo enseguida a los demás: «¡No, no quiero ver la televisión!». Alza la voz, si no te oyen: «¡Estoy leyendo! ¡No quiero que me molesten!». Quizá no te han oído, con todo ese estruendo; dilo más fuerte, grita: «¡Estoy empezando a leer la nueva novela de Ítalo Calvino!». O no lo digas si no quieres; esperemos que te dejen en paz». (Ítalo Calvino. *Si una noche de invierno un viajero*).

Tercera del singular: *Alicia solía darse, por lo general, muy buenos consejos (pero rara vez los seguía), y a veces se regañaba tan severamente que se le saltaban las lágrimas; se acordaba incluso de unas buenas bofetadas que se dio ella misma por haber hecho trampas jugando al cróquet consigo misma.* (Lewis Carroll. *Alicia en el país de las maravillas*).

Te sería conveniente realizar tres ejercicios con cada una de las voces narrativas que acabamos de presentar, ¿aceptas el reto?

Ejercicio voz narrativa primera persona:

_____

_____

Ejercicio voz narrativa segunda persona:

_____

_____

Ejercicio voz narrativa tercera persona:

_____

_____

Al narrador también se le clasifica de la siguiente manera:

Narrador **protagonista**: quien relata es un personaje de la obra narrativa y cuenta su propia historia o un fragmento de ella.

Narrador **testigo**: es un personaje que, a partir de su perspectiva personal, cuenta una historia que observó de cerca, pero sin ser el protagonista. Es el caso de John Watson, en relación con las pesquisas de Sherlock Holmes.

Narrador **omnisciente**: sabe todo tanto de los personajes como de la historia que cuenta, y además da puntos de vista y formula juicios. Por esa razón está muy cerca de la voz del autor, sin ser completamente él. También se le ha denominado «la voz de Dios». Decide qué decir y qué ocultar. Es el narrador más frecuente en la literatura, particularmente en la del siglo XIX.

Narrador **objetivo o de conocimiento relativo**: accede al ámbito concreto de los sucesos y se limita a describir el entorno y la conducta externa de los personajes. Guarda imparcialidad con los acontecimientos, no critica ni juzga.

La cuestión se complica debido a que se pueden hacer cualquier clase de combinaciones. Hay muchas otras clasificaciones que desarrollan las anteriores —intradiegéticos, autodiegéticos, extradiegéticos, homodiegéticos, heterodiegéticos, narrador equisciente, deficiente, polifónico, inexistente, etc.—… ¡Uff! Pero no te quiero complicar demasiado.

Por lo pronto, me parece que con lo presentado es posible forjarnos una idea cabal del narrador literario. Dicha información nos servirá para afinar los textos base de nuestros proyectos, ya sea cuentísticos, o para la elaboración de guiones.

PERSONAJES

El narrador cuenta sucesos que experimentan ciertos *personajes*. El personaje es un ente de ficción que tiene una participación determinada en un relato, en una obra dramática o en un guion. Si la clasificación de narradores parece extensa, la de los personajes la supera con creces, debido a la enorme gama de diseños y presentaciones. La forma en que se les agrupa puede operar indistintamente —con diferencia de matices— en narrativa, dramaturgia o guionismo. Nos sujetaremos a la clasificación propuesta por la maestra Norma Román Calvo: [21]

A los personajes se les puede agrupar según los siguientes criterios:

a) Por la participación del personaje en la acción principal.

b) Por el grado de complejidad del personaje.

c) Por su significación.

Un personaje será principal si está en el centro de nuestra historia. Él o ella es quien causa la acción fundamental o quien la resiente directamente. Un personaje será secundario si su actividad gira alrededor de la anécdota central y su presencia es menos manifiesta.

Por su complejidad se les puede dividir en personajes *redondos* (nombre dado por E.M. Forster) o *de carácter*, y *simples* o *personajes tipo*.

Un personaje redondo o de carácter posee una forma de ser compleja, con rasgos propios de un temperamento individual, con vicios y virtudes que le confieren profundidad. Para su creación el autor deberá hacer un diseño psicológico minucioso, darle *humanidad*.

Por su parte, el personaje simple o tipo tiene características físicas, psicológicas, e incluso fisiológicas típicas, conocidas de

---

21   Norma Román Calvo. *Para leer un texto dramático*. Ed. Pax México. 2003. Pág. 82 y siguientes.

antemano por el lector o espectador. Generalmente se les define por pertenecer a algún *estereotipo*.

Para la elaboración de los personajes debemos atender a tres aspectos fundamentales:

1. El aspecto **fisiológico** —características físicas, edad, estatura, complexión, raza, salud, defectos físicos, etc.—;

2. La situación **sociológica** —relación familiar, nivel socioeconómico, filiación política, religión, educación, posición social, ambiciones, costumbres, etc.—;

3. El perfil **psicológico** —conflictos internos, salud mental, traumas, obsesiones, manías, patologías, neurosis, filias, fobias, apegos y desapegos emocionales, etc.—. Al esbozar una historia que desemboque en una obra dramática o un guion podemos ir adelantando peculiaridades de nuestros personajes que desarrollaremos en el texto completo.

Se puede definir a los personajes, también, por la clase de significación que tengan dentro del texto. Así, podrían ser *reales* —con un perfil de carácter y de comportamiento apegado al entorno existente—; *fantásticos* —seres fantasmales, ilusorios, quiméricos, como brujas, duendes, fantasmas, etcétera—; *alegóricos* —entes que encarnan una idea, un concepto o un valor, como la muerte, el honor, la valentía, la pereza, la justicia...—.

TIEMPO

Toda historia se desenvuelve en el *tiempo* —otro elemento importante del cuento—. Visto de manera concienzuda, tiempo es acción —más adelante trataremos el tema crucial de la *acción dramática*—.

Hay diversas vertientes desde las cuales se analiza el tiempo como factor de un relato —y por extensión, de una obra dramática o guion—. Aquí tocaremos un par de tópicos.

Un escritor debe conocer, por principio, los tiempos verbales que manejará en su relato. En el caso del guionista, eso repercutirá en la óptica desde la cual se abordará su proyecto. Para ejemplificar la trascendencia de tal conocimiento acudiré brevemente al caso que menciona Mario Vargas Llosa en su manual ya citado:

En su célebre minificción, Augusto Monterroso eligió de forma certera su tiempo verbal, *Cuando despertó, el dinosaurio todavía estaba ahí*. En efecto, está narrada en pasado y, por ende, el narrador se encuentra en un futuro no definido.

Pero Monterroso bien hubiera podido elegir otras opciones. Verbigracia, *Cuando ha despertado, el dinosaurio todavía está ahí*; o bien una versión con olor a advertencia, *Cuando hayas despertado, el dinosaurio todavía estará ahí*; o incluso una con aroma a cuento cortazariano, *Cuando despiertes, el dinosaurio todavía estará ahí*; y hasta una modalidad muy bíblica, *Despertarás, y el dinosaurio todavía estará ahí*; o una muy sencilla y enigmática, *Despierta, y el dinosaurio todavía está ahí*.

Como puede apreciarse, el asunto es sumamente variado y requiere de acuciosidad en el manejo de las conjugaciones verbales —clase que a casi todos nos dio dolores de cabeza en la escuela primaria—. Si se te dificulta, no dudes en revisar los viejos libros de instrucción básica.

Otra de las aristas en el planteamiento temporal de un texto narrativo es el que advierte la siguiente diferenciación: el tiempo **real** de tu texto, el tiempo **histórico** de la narración y el tiempo **subjetivo** del relato.

El tiempo **real** consiste en el lapso de duración de tu texto. Requiere un periodo objetivo por parte del lector o el espectador: media hora de lectura, dos horas de pantalla, media hora efectiva con cortes comerciales, etcétera.

El tiempo **histórico** consiste en que, como escritor, tú eliges una serie de sucesos que se dan en un tiempo de ficción que debes fijar, colocando los acontecimientos según el orden natural en que se hubieran podido dar. Como ya hemos visto, el tiempo lineal es el más socorrido e incide directamente en la estructura de la obra, es decir, en el acomodo de los sucesos.

Por ejemplo, has de seleccionar fragmentos clave en la vida de una mujer, digamos un periodo que cubre los últimos dos días de su vida. Así, como escritor, hay que establecer el orden cronológico de los hechos que nos importa narrar, su relación de causa-efecto. *Ella abrió una carta, recibiendo una dolorosa noticia. Enseguida pasó 'tal cosa', y eso ocasionó 'esto otro', de lo que resultó que ella decidiera quitarse la vida.* Fúnebre ejemplo… pero esa será la secuencia en la que sucedieron los hechos en nuestra imaginación. Muchos de esos acontecimientos pasarán al papel en el orden en que los concebimos, respetando su desarrollo histórico.

Por su parte, el tiempo **subjetivo** consiste en el manejo controlado que puedes hacer de tus escenas. Su manejo obedece a fines estéticos y de persuasión del espectador o lector. Rompe necesariamente la linealidad con que pudieron haber ocurrido las cosas de manera natural. Tiene relación directa con el tiempo psicológico. Con el establecimiento a nuestro gusto del orden y duración de las escenas, se genera una temporalidad exclusiva de nuestro cuento.

Las alteraciones del tiempo 'normal' reciben el nombre literario de *anacronías*. Son las rupturas que provocamos en el orden de los acontecimientos, pasando a hechos que se dieron o se darán en un momento distinto. Si partimos de un tiempo 'presente' de nuestro relato, por obvias razones podremos dar saltos hacia atrás —*analepsis*— o hacia adelante —*prolepsis*—.

La analepsis cuenta o evoca una acción anterior al momento presente de la historia —independientemente que la estemos narrando en pasado, o inclusive en futuro—. La denominación literaria ha cedido al anglicismo *flash back*.

Por su parte, la prolepsis, o *flash forward*, es el salto a un determinado futuro de la historia, pudiendo ser a manera de premonición, o de situación objetiva de lo que sucederá.

Mediante un correcto manejo del tiempo podemos conocer largas épocas de la vida de una persona. El siguiente texto se llama *Rostros*, del autor japonés Yasunari Kawabata: [22]

«Desde los seis o siete años hasta que tuvo catorce o quince, no había dejado de llorar en escena. Y junto con ella, la audiencia lloraba también muchas veces. La idea de que el público siempre lloraría si ella lo hacía fue la primera visión que tuvo de la vida. Para ella, las caras se aprestaban a llorar indefectiblemente, si ella estaba en escena. Y como no había un solo rostro que no comprendiera, el mundo para ella se presentaba con un aspecto fácilmente comprensible.

No había ningún actor en toda la compañía capaz de hacer llorar a tanta gente en la platea como esa pequeña actriz.

A los dieciséis, dio a luz a una niña.

—No se parece a mí. No es mi hija. No tengo nada que ver con ella —dijo el padre de la criatura.

—Tampoco se parece a mí —repuso la joven—. Pero es mi hija.

Ese rostro fue el primero que no pudo comprender. Y, como es de suponer, su vida como niña actriz se acabó cuando tuvo a su hija. Entonces se dio cuenta de que había un gran foso entre el escenario donde lloraba, y desde donde hacía llorar a la audiencia, y el mundo real. Cuando se asomó a ese foso, vio que

22 Yasunari Kawabata. *Rostros*. Visto en ciudadseva.com/texto/rostros/.

era negro como la noche. Incontables rostros incomprensibles, como el de su propia hija, emergían de la oscuridad.

En algún lugar del camino se separó del padre de su niña. Y con el paso de los años, empezó a creer que el rostro de la niña se parecía al del padre.

Con el tiempo, las actuaciones de su hija hicieron llorar al público, tal como lo hacía ella de joven.

Se separó también de su hija, en algún lugar del camino. Más tarde, empezó a pensar que el rostro de su hija se parecía al suyo. Unos diez años después, la mujer finalmente se encontró con su propio padre, un actor ambulante, en un teatro de pueblo. Y allí se enteró del paradero de su madre.

Fue hacia ella. Apenas la vio, se echó a llorar. Sollozando se aferró a ella. Al hallar a su madre, por primera vez en la vida lloraba de verdad.

El rostro de la hija que había abandonado por el camino era una réplica exacta del de su propia madre. Sin embargo, ella no se parecía a su madre, así como ella y su hija no se asemejaban en nada. Pero la abuela y la nieta eran como dos gotas de agua.

Mientras lloraba sobre el pecho de su madre, supo qué era realmente llorar, eso que hacía cuando era una niña actriz.

Entonces, con corazón de peregrino en tierra sagrada, la mujer se volvió a reunir con su compañía, con la esperanza de reencontrarse en algún lugar con su hija y el padre de su hija, y contarles lo que había aprendido sobre los rostros».

ESPACIO

Otro componente que le dará tridimensionalidad a nuestra narración, así sea literaria o visual y auditiva, es el *espacio*. Los hechos a contar se desarrollan en un sitio determinado. Los lugares pueden ser establecidos por el narrador o los personajes. En literatura dramática el autor propone los ambientes en que desea se lleve a cabo su obra, en tanto que el responsable de la puesta en escena podría proponer otra. En guionismo, para sugerir espacios escénicos hay que tomar en cuenta hasta cuestiones presupuestarias o de producción.

Los espacios físicos pueden ser tantos como alcance la imaginación. Dependerá en mucho de su capacidad de visualización, así como de la habilidad descriptiva y vasto léxico. Explicaré esto con un ejemplo. Es un fragmento del cuento *Dagon*, de H.P. Lovecraft:[23]

«El cambio ocurrió mientras dormía. Nunca llegaré a conocer los pormenores; porque mi sueño, aunque poblado de pesadillas, fue ininterrumpido. Cuando desperté finalmente, descubrí que me encontraba medio succionado en una especie de lodazal viscoso y negruzco que se extendía a mi alrededor, con monótonas ondulaciones hasta donde alcanzaba la vista, en el cual se había adentrado mi bote cierto trecho.

Aunque cabe suponer que mi primera reacción fuera de perplejidad ante una transformación del paisaje tan prodigiosa e inesperada, en realidad sentí más horror que asombro; pues había en la atmósfera y en la superficie putrefacta una calidad siniestra que me heló el corazón. La zona estaba corrompida de peces descompuestos y otros animales menos identificables que se veían emerger en el cieno de la interminable llanura. Quizá no deba esperar transmitir con meras palabras la indecible repugnancia que puede reinar en el absoluto silencio y la estéril inmensidad. Nada alcanzaba a oírse; nada había a la vista, salvo una vasta extensión de légamo negruzco; si bien la absoluta quietud y la uniformidad del paisaje me producían un terror nauseabundo.

---

23   H.P. Lovecraft. *Dagon*. Tomado de http://axxon.com.ar/rev/189/c-189cuento8.htm.

El sol ardía en un cielo que me parecía casi negro por la cruel ausencia de nubes; era como si reflejase la ciénaga tenebrosa que tenía bajo mis pies. Al meterme en el bote encallado, me di cuenta de que sólo una posibilidad podía explicar mi situación. Merced a una conmoción volcánica el fondo oceánico había emergido a la superficie, sacando a la luz regiones que durante millones de años habían estado ocultas bajo insondables profundidades de agua. Tan grande era la extensión de esta nueva tierra emergida debajo de mí, que no lograba percibir el más leve rumor de oleaje, por mucho que aguzaba el oído. Tampoco había aves marinas que se alimentaran de aquellos peces muertos».

Como puede desprenderse de este pasaje, la descripción del espacio físico incide de manera directa en la atmósfera del relato. Igualmente, el cuentista, el guionista o el dramaturgo deben tener en consideración el espacio que eligen a fin de obtener el efecto deseado, ya sea como complemento emocional de la línea principal de narración, ya sea como contrapunto.

TONO

Uno de los elementos más sutiles y trascendentes en un texto creativo es el tono. Las palabras que elige el escritor van a transmitir a su auditorio ciertas sensaciones, sentimientos, emociones o impresiones, y para ello hará uso de factores tanto semánticos como rítmicos o melódicos. Las palabras y sus relaciones entre sí producen atmósferas que el lector capta. Un escritor puede buscar contagiar a su público tristeza, alegría, humor, ironía, seriedad, romanticismo... Y para ello debe seleccionar con esmero las palabras, el ritmo y la melodía adecuados.

Hagamos un ejercicio de comparación de dos textos. El primer pasaje es del cuento *Vera*, de Villiers de L'Isle Adam:[24]

«El amor es más fuerte que la muerte, ha dicho Salomón: su misterioso poder no tiene límites.

Concluía una tarde otoñal en París. Cerca del sombrío barrio de Saint-Germain, algunos carruajes, ya alumbrados, rodaban retrasados después de concluido el horario de cierre del bosque. Uno de ellos se detuvo delante del portalón de una gran casa señorial, rodeada de jardines antiguos. Encima del arco destacaba un escudo de piedra con las armas de la vieja familia de los condes D'Athol: una estrella de plata sobre fondo de azur, con la divisa Pallida Victrix bajo la corona principesca forrada de armiño. Las pesadas hojas de la puerta se abrieron. Un hombre de treinta y cinco años, enlutado, con el rostro mortalmente pálido, descendió. En la escalinata, los sirvientes taciturnos tenían alzadas las antorchas. Sin mirarles, él subió los peldaños y entró. Era el conde D'Athol».

Las palabras puestas en su sitio, las pausas, los adjetivos precisos, nos colocan en una atmósfera cuyo tono es indudable. Veamos otro ejemplo. Se trata de un fragmento de *El niño malo*, de Mark Twain:[25]

«Había una vez un niño malo cuyo nombre era Jim. Si uno es observador advertirá que en los libros de cuentos ejemplares que se leen en clase de religión los niños malos casi siempre se llaman James. Era extraño que éste se llamara Jim, pero qué le vamos a hacer si así era.

Otra cosa peculiar era que su madre no estuviese enferma, que no tuviese una madre piadosa y tísica que habría preferido yacer en su tumba y descansar por fin, de no ser por el gran

---

24 Villiers de L'Isle Adam. *Vera*. Tomado de http://ciudadseva.com/texto/vera/.
25 Mark Twain. *El niño malo*. Tomado de https://adictamente.blogspot.mx/2013/02/el-cuento-del-nino-bueno.html.

amor que le profesaba a su hijo, y por el temor de que, una vez se hubiese marchado, el mundo sería duro y frío con él.

La mayor parte de los niños malos de los libros de religión se llaman James, y tienen la mamá enferma, y les enseñan a rezar antes de acostarse, y los arrullan con su voz dulce y lastimera para que se duerman; luego les dan el beso de las buenas noches y se arrodillan al pie de la cabecera a sollozar. Pero en el caso de este muchacho las cosas eran diferentes: se llamaba Jim y su mamá no estaba enferma ni tenía tuberculosis ni nada por el estilo.

Al contrario, la mujer era fuerte y muy poco religiosa; es más, no se preocupaba por Jim. Decía que si se partía la nuca no se perdería gran cosa. Sólo conseguía acostarlo a punta de bofetadas y jamás le daba el beso de las buenas noches; antes bien, al salir de su alcoba le halaba las orejas».

Los tonos en los modelos expuestos son diametralmente distintos. Uno, enclavado en la penumbra, lo sombrío, anunciando quizás una aventura de ultratumba; el otro, humorístico, irónico, jocoso. Si no hubiéramos mencionado los nombres de los autores, aun así sospecharíamos quién los podría firmar. —Asimismo, es obligado reconocer la calidad de las traducciones—.

ESTILO

Ya que hablamos de la identidad de los cuentistas, eso nos lleva a otro elemento constitutivo de las obras: el *estilo*.

Hay por lo menos tres acepciones del término *estilo*.

1. Uno general, en el sentido de *forma particular de expresión en una, varias o todas las disciplinas artísticas y que sólo existe cuando sella el espíritu de una época, su actitud ante la vida y ante la realidad, con sujeción a un conjunto*

de reglas técnicas, estéticas y de conducta. El estilo está marcado por el contexto histórico, filosófico, económico, político, social, y aun por la influencia de algún artista en particular.

2. Los principales estilos son los siguientes: clásico, neoclásico, pseudo-clásico, romántico, realista —con sus variantes—, naturalista, verista, expresionista, impresionista, surrealista, simbolista, absurdo, posmodernista...

3. Estilo es, asimismo, el conjunto de rasgos formales peculiares de la expresión de un escritor tomando en cuenta el conjunto de su obra, o bien alguna de sus obras en específico.

4. Una tercera acepción de *estilo* es la que alude a alguna modalidad técnica para presentar lo dicho por los personajes: estilo directo —el diálogo precedido del guion largo o raya—, estilo indirecto —el narrador adopta la voz de los personajes y dice lo que ellos han afirmado—, estilo indirecto libre —lo dicho por el narrador y el personaje se confunden—.

Los últimos tres elementos a los que me referiré son elaborados por Julio Cortázar en su texto *Algunos aspectos del cuento.*[26]

La primera pregunta que formula Cortázar es qué hace que un cuento sea extraordinario y se nos quede grabado muy dentro de manera indeleble, «como una especie de 'apertura', de fermento que proyecta la inteligencia y la sensibilidad hacia algo

---

26   Julio Cortázar. *Algunos aspectos del cuento.* Revista Casa de las Américas. La Habana. Año II, núm. 15-16, noviembre 1961-febrero 1963. Reproducido en Lauro Zavala. Teoría del cuento, volumen I. UNAM. UAM/X. 1995. Pág. 308 en adelante.

que va mucho más allá de la anécdota visual o literaria» contenidas en él. De ahí concluye que hay factores que, sin llegar a ser leyes fijas, constituyen líneas presentes en los grandes textos. Ellos son *significación, tensión e intensidad*.

SIGNIFICACIÓN

Un cuentista —al igual que un narrador visual— trabaja con material que para él tendrá un significado particular; eso parecería radicar en el tema escogido, que deberá de poseer una irradiación que lo hace ir más allá de sí mismo. Cortázar pone los ejemplos de los temas elegidos por Sherwood Anderson o Katherine Mansfield, que si a primera vista sonarían vulgares episodios cotidianos, en la mano de esos maestros del cuento adquieren la connotación de «resúmenes de la condición humana, o el símbolo quemante de determinado orden social o histórico».

La *significación* —o fondo del texto— es esa resonancia que tiene el suceso que queremos contar y que trasciende lo anecdótico para relucir hondos matices filosóficos. Eso va a depender, en mucho, de la visión y la sensibilidad con que lo abordemos. Temas que de suyo puedan tener poder latente, en manos poco diestras no pasarán de ser insulsos cuentos olvidables, prescindibles.

Cortázar subraya que, con frecuencia, los temas no son escogidos por el escritor, sino que sus propias obsesiones de creador provocan que sea *tocado* por los temas. Eso sí, deben siempre de parecernos excepcionales, provocarnos la urgencia de narrarlos.

Una vez que el escritor —cuentista, guionista, dramaturgo—, está frente a su tema, frente a ese embrión que es ya vida, pero no ha adquirido forma definitiva, debe hacer uso de las herramientas técnicas para darle *potencia narrativa*. Tal objetivo se logra mediante el oficio de escritor.

La destreza de relatar historias se manifiesta en el manejo óptimo de las características formales y expresivas en torno al tema a desarrollar. Para Cortázar son de suma importancia la *tensión* y la *intensidad*, como recursos narrativos.

TENSIÓN

La tensión estará dada por el enfrentamiento de fuerzas opuestas, por la índole de esa situación que, extrema o no, posea una efervescencia tangible, una energía que nos estremezca. Desde la primera línea debemos sentir un efecto hipnótico que nos inhiba la posibilidad de dejar de leer, de saber qué sucederá.

INTENSIDAD

Por su parte, la intensidad la define como la eliminación de todas las ideas o situaciones intermedias, de todos los rellenos o fases de transición.

Es de subrayar que, en el análisis que hace Cortázar, hay un cuarto elemento que sólo enuncia de soslayo, quizá por obvio. «Por más veterano, por más experto que sea un cuentista, si le falta la motivación entrañable, si sus cuentos no nacen de una profunda vivencia, su obra no irá más allá del mero ejercicio estético». Es vital tener la urgencia de contar la historia, y eso vale, reitero, para todo aquel que asuma el oficio de escribir.

Hemos dedicado un capítulo al cuento, por ser éste la base de la creación narrativa. Podrá colegirse, sin duda, que muchos de los conceptos abordados funcionan para cualquier tipo de creación literaria, atendiendo a que no se trata de normas indefectibles sino elementos que se debe conocer.

Mi sugerencia es que escribas un cuento con el tema del Desarrollo Personal, o si ya lo tienes, intentes desmenuzar los elementos vistos con el objetivo de saber si estás haciendo correcto uso de ellos.

Cuento:

¡Que viva el teatro!

El profesor de Teoría y Semiótica Teatral en la Sorbona, Patrice Pavis, nos informa que la palabra *teatro* procede del griego *theatron*, y pone de manifiesto su propiedad originaria: el lugar donde el público contempla una acción que le es presentada en otro sitio; una suerte de efecto mágico en el que un ámbito, en el que se lleva a cabo un hecho, se nos aparece en otro espacio.[27]

El teatro, complementa Pavis, es un punto de vista sobre un acontecimiento, una mirada, un ángulo de visión y de rayos ópticos. Mediante un primer fenómeno de traslación entre mirada y objeto mirado, la palabra *teatro* se convirtió en el edificio donde se representa. En un segundo momento de traslación metonímica la misma palabra significará el género dramático. Más adelante se ampliará el término a alguna institución, a un repertorio o un conjunto de obras de un autor.

Así, teatro es el hecho de representar, el edificio en el que se representa, el género dramático, el texto que se escenificará, la obra de un dramaturgo, y puede denominar también a alguna institución dedicada al cultivo de esta disciplina artística.

---

27   Patrice Pavis. *Diccionario del Teatro. Dramaturgia, estética, semiología.* Ed. Paidós. 1998. Página 435.

Por su parte, José Luis Alonso de Santos define el teatro de esta manera:

«Es una forma de comunicación artística que se ha dado a lo largo de los tiempos hasta nuestros días, entre unos emisores (creadores del hecho escénico) y unos receptores (público), que se realiza por medio de unos códigos establecidos por la tradición del propio arte teatral, modificados en cada época por acuerdos y modas estéticas, y que consta de dos partes esenciales: expresión y significación». [28]

Todos los elementos que se combinan para la realización del hecho teatral buscan fundamentalmente crear un conflicto que dé como consecuencia la *acción dramática*. Tal acción deberá suscitar una serie de reacciones emocionales en los personajes participantes en la puesta en escena y, por ende, en el público.

No está de más subrayar la trascendencia del género dramático. A lo largo de la historia de la literatura han existido genios asombrosos —ya hemos hablado de enormes cuentistas, y ha habido también eximios novelistas y sublimes poetas—. Pues bien, el más grande de todos —si se me permite el arrebato subjetivo— ha sido, justamente, un dramaturgo: William Shakespeare.

«Todas las obras de Shakespeare son grandes espectáculos, en los que abunda el ruido de sables, los desfiles militares, los duelos, las fiestas, las grandes juergas o torneos, las bufonadas, los vientos y tormentas, el amor físico, la crueldad y el sufrimiento. Como la ópera china, el teatro isabelino fue concebido como un espectáculo para la vista. Todo lo que sucedía en él, sucedía de verdad», sentencia Jan Kott. [29]

Se desprende de lo dicho por el teórico polaco que Shakespeare escribió *para el espectador*. Todo dramaturgo lo hace. Si bien es cierto que, en el proceso creativo, debe conectar con sus resor-

---

28   José Luis Alonso de los Santos. *Manual de teoría y práctica teatral.* Ed. Castalia. 2012. Páginas 19 en adelante.

29   Jan Kott. *Shakespeare, nuestro contemporáneo.* Trad. Olszewska Sonnenberg y Sergio Trigán. Alba Editorial. 2007. Pág. 438.

tes emotivos más profundos, siempre ha de tener en cuenta al público. Para capturarlo desde la primera línea y llevarlo de la mano por dos horas, el escritor de dramas ha de hacer uso de armas que irán desde su talento, sensibilidad, temperamento, perspicacia, a una técnica dramatúrgica eficaz.

Ya tratamos algunas de las herramientas primordiales de la técnica cuentística con el objetivo de beneficiarnos de sus procedimientos. Es momento de entrar de lleno al estudio de la composición dramática que, teniendo relación con algunos aspectos del cuento, posee ciertas características propias.

Partamos del caso hipotético de que ya hemos elaborado un cuento y nos percatamos que podría ser utilizado como base de un proyecto teatral. Consecuentemente deberemos ayudarnos de algunos de los recursos cuentísticos y dramáticos.

Deberemos considerar algunas premisas en tres áreas que conforman la dramaturgia: filosofía, arte y técnica.

Con algunas excepciones experimentales, todo texto dramático busca exponer la fractura humana —las excepciones a las que hago referencia son textos y puestas en escena en las que, auténtica y provocadoramente (o por impericia), *no pasa nada*—. Mostrar la falla del hombre es parte del aspecto filosófico de la literatura dramática. Un dramaturgo explora el sentido de lo humano, y en la esencia de la naturaleza del hombre está *el conflicto*.

Desde que se está en *el tiempo y el espacio*, se busca, se lucha, se pelea, se consigue y se vuelve a perder. La vida está llena de afanes, ya sea para obtener algo, ya sea para evitar cosas. Esto sucede tanto individual como colectivamente. Nadie puede negar la presencia constante y permanente de los deseos, de las pasiones, de los temores. Si no podemos más que vivir en sociedad, ello implica encuentros y rupturas. Encuentros que son rupturas y fracasos y, por ende, terminan siendo desencuentros. La comunicación se torna en incomunicación. El amor deviene en odio. La vida será la turbulenta búsqueda de la felicidad. La

Grecia clásica, tomando las ideas de la dialéctica expuestas por Heráclito, basó la tragedia en los conceptos *orden-caos-nuevo orden*. La verdad será el resultado de la tensión y lucha entre los elementos contrarios.

El texto dramático se enfocará en plantear los conflictos internos y externos del ser humano. Pero no puede presentarlos tal como suceden en la «realidad real». Aquí llegamos a una de las premisas artísticas: un dramaturgo debe *condensar* el suceso humano.

Resumiendo estas primeras ideas: el texto dramático brinda un punto de vista filosófico y para ello presenta un aspecto sintetizado de la vida, tanto del individuo como de la colectividad.

Comencemos por los conflictos. [30] Todo texto dramático entraña conflictos primarios y secundarios. Por lo común, uno es el que predomina y los demás se imbrican para fortalecer la trama. En el centro de esos conflictos se hallará el o los protagonistas contra el o los antagonistas. Los conflictos dramáticos pueden ser:

a). Conflicto contra Dios, dioses, seres sobrenaturales.
b). Conflicto contra la colectividad, la sociedad.
c). Conflicto con el entorno familiar.
d). Conflicto contra la pareja, en relación al amor.
e). Conflicto contra uno mismo.

El ser humano, al intentar dar explicación a su entorno y su destino, a las incidencias de la existencia, atribuye tales dominios a seres ultraterrenos. De ahí que sus conflictos originarios

---

30 Para el análisis de los conceptos más relevantes que comprenden la composición dramática me apoyaré en los apuntes que tomé en los diversos cursos de dramaturgia, primordialmente con los maestros Luisa Josefina Hernández y Hugo Argüelles, ayudándome del *Manual de dramaturgia*, de Tomás Urtusástegui, entre otros documentos.

hayan sido tratando de comprender las decisiones de esos seres superiores.

No deja de ser reconocible que, cuando esas pugnas son dramatizadas, hay una elaboración antropomórfica del ser extraordinario. Interesante es también que, si bien pueda ser cierto que el conflicto contra lo sobrehumano haya precedido a los demás, no ha desaparecido del todo y aún hoy es fuente de textos dramáticos, tanto en teatro como en cine y hasta series de televisión.

Veamos cómo lo expresó Esquilo en su *Prometeo encadenado*:

«Prometeo.- ¡Oh éter divino, fugaces vientos alados, manantiales alados, manantiales de los ríos, innumerables sonrisas de las olas del mar, y tú, tierra, universal madre; sol, ojo que todo lo mira… a vosotros clamo, ved yo, dios, yo mismo lo que estoy padeciendo por obra de los dioses».[31]

El siguiente conflicto es el del ser humano contra la colectividad, contra la sociedad de la cual es parte integrante. El hecho de vivir de forma gregaria —pues tal es nuestra naturaleza— no conlleva relaciones armónicas ni pacíficas; por el contrario, implica conflictos perennes.

Vemos cómo refleja esta pugna el célebre dramaturgo Henrik Ibsen:

«Señora Stockmann.- ¡Nos han insultado! Han sido francamente groseros, Tomás. Pero esa no es razón para que abandonemos la patria.

Doctor Stockmann.- Ya me figuro que la masa debe de ser tan insolente allá como acá. En todas partes ocurrirá lo mismo. ¡En fin!, no me importa que los perros me enseñen sus colmi-

---

31   Esquilo. *Prometeo encadenado*. Trad. Ángel María Garibay. Ed. Porrúa. Colección *Sepan cuántos*… 1978. Pág. 74.

llos. Yo me río de ellos. Pero eso no es lo peor; lo peor es que de una punta a otra del país todos los hombres son esclavos de los partidos. Claro que el mismo mal también habrá en otros lados. Es posible que en América los asuntos públicos no se lleven mejor; también allí hay mayorías aplastantes, uniones liberales y todas esas patrañas. Matan, pero no queman a fuego lento, no encadenan un alma libre como aquí, y en todo caso el individuo puede apartarse, mantenerse lejos. (Pasea por la estancia.) ¡Ah, si supiese de un bosque virgen o de alguna isla solitaria en los mares del Sur, donde pudiese vivir solo!».[32]

El siguiente conflicto es el que se da en la familia. Los vínculos que se crean entre sus miembros suelen ser sumamente estrechos dando por resultado relaciones intensas, pletóricas de emociones profundas y con frecuencia contradictorias. Las confrontaciones familiares afectan, a veces, más que ninguna otra. El teatro acude con asiduidad a contiendas familiares.

Así es como trata el tema Rodolfo Usigli en estos breves diálogos de *El gesticulador*:[33]

«Miguel.- (Acercándose un paso.) Papá.

César.- (Encendiendo su cigarro) ¿Qué hay?

Miguel.- He reflexionado mientras acompañaba al americano y él hablaba.

César.- (Distraído) Habla notablemente bien el español,

Miguel.- Probablemente no tenía yo derecho a decirte todas las cosas que te dije, y he decidido irme.

César.- ¿A dónde?

---

32 Henrik Ibsen. *Un enemigo del pueblo*. Trad. Ana Victoria Mondada. Ed. Porrúa. Colección *Sepan cuántos...* 2007. Pág. 234.
33 Rodolfo Usigli. *El gesticulador. Antología de autores contemporáneos.* Teatro. Universidad Autónoma de Nuevo León. 1980.

Miguel.- Quiero trabajar en alguna parte.

César.- ¿Te vas por arrepentimiento? (Miguel no contesta.) ¿Es por eso?

Miguel.- Creo que es lo mejor. ¿Ves?, te he perdido el respeto».

Los conflictos amorosos han sido desde siempre fuente de dramas. La búsqueda de la pareja aparece desde los primeros escritos literarios como una de las principales pasiones del ser humano. Tal pareciera que hablar del tema amoroso desde un punto de vista intelectual estuviera un tanto desprestigiado, dejando el asunto a los terrenos de la poesía. Sin embargo, la pareja ha sido preocupación permanente desde siempre. Son innumerables las obras teatrales que hablan sobre el tópico. Las formas de tratar las historias han sido —y seguirán siendo— de lo más variadas. Te invito a recordar la famosa escena del beso de *Cyrano de Bergerac*, de Edmond Rostand:

«Rosana.- (Adelantándose en el balcón.) ¿Sois vos? Me hablabais de... de... un...

Cyrano.- ¡De un beso! La palabra es dulce y no veo por qué vuestro labio no se atreve... ¡Si decirla quema, qué no será vivirla! No os asustéis. Hace un momento, casi insensiblemente habéis abandonado el juego y pasado, sin lágrimas, de la sonrisa al suspiro, del suspiro a las lágrimas. Deslizaos de igual manera un poco más: ¡de las lágrimas al beso no hay más que un estremecimiento!

Rosana.- ¡Callaos!

Cyrano.- ¿Qué es un beso, al fin y al cabo, sino un juramento hecho poco más cerca, una promesa más precisa, una confesión que necesita confirmarse, la culminación del amor, un secreto que tiene la boca por oído, un instante infinito que provoca un zumbido de abeja, una comunión con gusto a flor, una forma de respirar por un momento el corazón del otro y de gustar, por medio de los labios, el alma del amado?».[34]

Sólo nos resta hablar del conflicto existencial, la lucha eterna del ser humano contra sí mismo, la pugna del hombre por lidiar contra sus pasiones, ambiciones, anhelos, deseos, dudas e indecisiones, sus permanentes preguntas por el desconcierto que le causa la vida, su constante ignorancia de lo que es y cuál será su destino. Las páginas más sublimes de la literatura dramática han sido, sin duda, las que han abordado tan inquietantes cuestionamientos. La cúspide de esas interrogantes fue hecha por William Shakespeare, en el monólogo más famoso del teatro:

«Hamlet.- Ser o no ser, esa es la cuestión: si es más noble para el alma soportar las flechas y pedradas de la áspera Fortuna o armarse contra un mar de adversidades y darles fin en el encuentro. Morir: dormir, nada más. Y si durmiendo terminaran las angustias y los mil ataques naturales herencia de la carne, sería una conclusión seriamente deseable. Morir, dormir: dormir, tal vez soñar. Sí, ese es el estorbo; pues qué podríamos soñar en nuestro sueño eterno ya libres del agobio terrenal, es una consideración que frena el juicio y da tan larga vida a la desgracia. Pues, ¿quién soportaría los azotes e injurias de este mundo, el desmán del tirano, la afrenta del soberbio, las penas del amor menospreciado, la tardanza de la ley, la arrogancia del cargo, los insultos que sufre la paciencia, pudiendo cerrar cuentas uno mismo con un simple puñal? ¿Quién lleva esas cargas, gimiendo y sudando bajo el peso de esta vida, si no es porque el temor al más allá, la tierra inexplorada de cuyas fronteras ningún viajero vuelve, detiene los sentidos y nos hace soportar los males que

---

34   Edmond Rostand. *Cyrano de Bergerac*. Disponible en http://ww2. educarchile.cl/UserFiles/P0001/File/articles-101776_Archivo.pdf.

tenemos antes que huir hacia otros que ignoramos? La conciencia nos vuelve unos cobardes, el color natural de nuestro ánimo
se mustia con el pálido matiz del pensamiento, y empresas de
gran peso y entidad por tal motivo se desvían de su curso y ya
no son acción». [35]

Los conflictos mueven a los personajes a la búsqueda de algo
o a su negación y, como a nosotros mismos, han de determinar
las relaciones con su contexto.

No está de más insistir en que el análisis de los conflictos nos
ofrece un tesoro inigualable para nuestro ***desarrollo personal***.
Conocer las fortalezas y flaquezas del género humano expresa-
das en un texto dramático nos ayudará a conocer nuestra propia
condición humana.

---

35   William Shakespeare. *Hamlet*. Editorial Ramón Sopena. 1964. Pág. 89.

El concepto de acción dramática

Un texto dramático debe poseer una estructura. Siguiendo de nuevo a Patrice Pavis, *estructura* es un término para designar el hecho de que cada parte del drama está organizada según una disposición cuyo objetivo es la producción de un sentido integral.[36]

Desde luego —como vimos al analizar el cuento—, no hay una *única* estructura. De hecho, como son diversas las partes constitutivas del drama e innumerables las maneras de organizarlas, se infiere que hay tantas estructuras como obras se puedan escribir. No obstante, del estudio del texto dramático se ha intentado deducir la existencia de elementos estructurales constantes.

Dentro de tales estudios, el primero es el orden clásico, que se desprende de *La Poética* de Aristóteles. Designa una clase formal de armazón de los elementos del drama que obedece a una lógica inalterable. Consta de tres unidades: acción, espacio y tiempo. En realidad, Aristóteles únicamente habló de la unidad de acción:

«Hechas estas distinciones, digamos a continuación cuál debe ser la estructuración de los hechos, ya que esto es lo pri-

---

36   Patrice Pavis. Op.Cit. Página 187 y siguientes.

mero y lo más importante de la tragedia. Hemos quedado en que la tragedia es imitación de una acción completa y entera, de cierta magnitud; pues una cosa puede ser entera y no tener magnitud. Es entero lo que tiene principio, medio y fin. Principio es lo que no sigue necesariamente a otra cosa, sino que otra cosa le sigue por naturaleza en el ser o en el devenir. Fin, por el contrario, es lo que por naturaleza sigue a otra cosa, o necesariamente o las más de las veces, y no es seguido por ninguna otra. Medio, lo que no sólo sigue a una cosa, sino que es seguido por otra. Es, pues, necesario que las fábulas bien construidas no comiencen por cualquier punto ni terminen en otro cualquiera, sino que se atengan a las normas dichas.». [37]

Si bien desde Eurípides ya existían visos de no respetar la preceptiva aristotélica, será siglos más tarde donde se eluda de manera deliberada, dando lugar a las estructuras llamadas *no aristotélicas*.

Mencionaremos brevemente que la unidad de **tiempo** considera que la historia de una obra debe transcurrir en el lapso de un día, sin saltos de tiempo al pasado o al futuro; por su parte, la unidad de **lugar** significaría que la obra debía desarrollarse en un solo espacio geográfico.

Las unidades han quedado como líneas orientadoras e incluso, en ocasiones, como retos para demostrar un virtuosismo creador. Sin embargo, es útil conocerlas. Por ahora, la acción dramática será la norma que analizaremos.

Si bien las confrontaciones guardan un estrecho vínculo con las tribulaciones a las que estamos permanentemente sometidos en la vida real, la *acción dramática* —como su nombre indica— es un concepto propio de la técnica teatral. Su cabal entendimiento habrá de propiciar que podamos elaborar de manera

---

37 Aristóteles. *Ars poetica*. Trad. Valentín García Yebra. Ed. Gredos. Biblioteca Románica Hispánica. 1999. Páginas 152-153.

adecuada un texto dramático, independientemente de si nuestras intenciones creadoras son convencionales o no.

Drama es acción, se ha dicho un sinnúmero de veces. Y sí, es la esencia del teatro y debe estar presente en todo guion teatral.

En primera instancia —en el ámbito de la construcción dramática— el término *acción* alude al enfrentamiento de fuerzas de las que surge una tensión que nos provoca intensas emociones. Basta que el inicio de una pieza esté bien planteado, en cuanto al encuentro de potencias opuestas, para que sujete nuestra atención y deseemos conocer su desarrollo.

Habremos de insistir en que esa *acción* debe someterse a las reglas del teatro; toda acción dramática deberá ser clara, concisa, directa, ineludible, con definidas fuerzas antagónicas.

Al ser planeada, la acción no ha de quedar sólo en la colisión de fuerzas; además, ha de tener como propósito la repercusión en todos los aspectos de la historia, y debe derivar en un estado diferente de cosas.

Acción, en sentido dramático, es *transformación*. Al contacto con la escena, los diversos integrantes de la obra estarán expuestos al inevitable choque y, de ese impacto, habrá de producirse un cambio. Pavis nos refiere que la acción es un conjunto de procesos de transformaciones visibles en el escenario y, al nivel de los personajes, aquello que caracteriza sus modificaciones psicológicas o morales. [38]

Pavis nos aclara que la acción no se reduce a los sucesos o hechos que conforman la trama, como tampoco lo es la simple articulación de acontecimientos. *Acción es drama… y drama es transformación*. Una transformación vehemente y profunda que, a lo largo del texto dramático, se dará en diversos aspectos.

Podríamos aseverar que en una obra de teatro se da una acción **histórica**: se trata de una situación principal que desem-

---

38   Pavis. Op.cit. Páginas 20-21.

boca en un nuevo estado de cosas. Los personajes actúan buscando algo y eso será la causa de hechos que evolucionan, cambian, sufren crisis y crean una situación diferente. En toda obra hay sucesos concretos que darán pie a otros, y esa cadena derivará en un hecho final. La habilidad del autor será darle redondez a su relato dramático.

La acción *física* abarca un par de vertientes sobre las que debemos reflexionar un poco. Un texto dramático está destinado a convertirse en un organismo vivo y, como tal, ha de desplazarse, desenvolverse, moverse en el escenario. Esto sucede en varios planos. Uno de ellos puede ser el escenográfico. Son pocas las obras cuya ambientación permanece intacta a lo largo de la representación. Por lo general un autor, al vislumbrar su historia, señala los posibles cambios que debe sufrir su espacio escénico. Puede suceder que el plan sea trabajar sobre un espacio vacío. Entonces serán los personajes quienes se muevan por el escenario. Pero esa acción física no ha de limitarse al movimiento corporal; la acción de los personajes implicará algún tipo de evolución, de transformación, de modificación —o modificaciones— en su fisonomía.

Desde que se genera un texto dramático, el escritor puede ir sugiriendo qué tipo de acciones físicas son consecuentes con sus personajes. Una cantidad prudente de buenas recomendaciones siempre serán benéficas para el actor.

He dicho la palabra *prudente* pues una tentación constante es dirigir la puesta en escena desde la dramaturgia. Es ideal contener esos impulsos y, de la manera más inteligente posible, utilizar las acotaciones en el texto de forma precisa y mesurada.

Vayamos ahora a la compleja acción ***psicológica*** de los personajes. Los personajes protagónicos, los antagónicos, muchas veces también los secundarios, todos ellos experimentan a lo largo de una hora y media o dos horas los cambios a causa de avatares que a un individuo de la vida real le tomaría, en algunos casos, hasta veinte años… si no más.

Narrada una historia dramática de forma lineal veremos que los personajes que la integran comienzan situados en un estado psicológico y en el transcurso de los choques de fuerzas opuestas es probable que su mentalidad se someta a tales presiones que, al finalizar la situación principal, su psicología haya sufrido modificaciones sustanciales. Esto sucede particularmente con los personajes llamados *redondos* o *complejos*, aunque las alteraciones pueden suceder a cualquier sujeto que incluyamos en la obra, en la medida de su complejidad.

Como escritor uno puede hacerse de herramientas para diseñar la evolución psicológica de los integrantes. Aquí te propongo algunas preguntas que puedes formular para conocer a tus personajes de manera profunda. Están muy vinculadas con lo que algunos teóricos llaman *historia clínica del personaje*:

Cuestionario a resolver: ¿Cómo se llama el personaje? ¿De qué nacionalidad es? ¿En qué país vive? ¿A qué época pertenece? ¿Qué edad física tiene? ¿Qué edad mental tiene? ¿Cuál es su preferencia sexual? ¿Es casado, divorciado, soltero? ¿Cómo es su relación familiar? ¿Tiene algunos rasgos físicos característicos? ¿Cuáles son y por qué? ¿Cuál es su ritmo interno y cuál es su nivel de energía? ¿Cuáles emociones y sentimientos predominan en él o ella? ¿Por qué? ¿Cómo se viste? ¿Cuál es su ropa preferida? ¿Qué parte de su cuerpo es más importante para ella o él? ¿Por qué? ¿Tiene alguna particularidad al hablar? ¿Cuál y por qué? ¿Tiene buena o mala salud? ¿Tiene alguna enfermedad? ¿Por qué? ¿Qué educación tiene? ¿Qué lee? ¿Estudia algo? ¿Por qué? ¿Cómo es su casa? ¿Cómo es su familia? ¿Quiénes eran sus padres? ¿Cómo fue su infancia y adolescencia? ¿Es religioso? ¿Cree en Dios? ¿En qué cree? ¿Cuáles son sus filias? ¿Cuáles son sus fobias? ¿Qué tipo de neurosis tiene? ¿Cuál es su relación con los demás personajes? ¿Dentro de la obra, cuál es su objetivo inmediato, mediato, a largo plazo? ¿Qué lo haría feliz? ¿Qué lo haría desgraciado? ¿Cuál es la evolución psicológica del personaje a lo largo de la obra? ¿Cuáles de las respuestas a las preguntas anteriores se modifican debido al transcurso de la obra?

Puede suceder que la obra que planeas escribir consista en que los personajes pasan por diferentes sucesos y, luego de experimentar esas peripecias, vuelven al mismo punto en que arrancaron. Psicológicamente puede haber dos casos: uno, en el que el personaje sufra un cambio interno pero sienta la necesidad de persistir en la misma situación inicial; y dos, que el personaje no evolucione, no sufra el cambio, no experimente la *acción psicológica*.

Como podrás observar, el diseño del perfil psicológico de los personajes implica un conocimiento profundo y detallado. Es indispensable establecer sus rasgos personales, su temperamento, su vida emocional, sus pulsiones, e incluso sus neurosis y psicopatologías.

Te propongo la siguiente tarea que, a mi modo de ver, te será muy enriquecedora: lee la obra de Tennessee Williams *El zoo de cristal* y resuelve el cuestionario propuesto conforme a los personajes *Amanda Winfield, Laura, Tom* y *Jim O'Connor*.

Todo texto dramático encierra, a su vez, una acción **ideológica**. Tanto este tipo de acción, como la filosófica, tienen relación directa con la premisa y la tesis de la obra dramática.

Hemos dicho que cuando te decidas a escribir tu texto teatral habrás escogido una historia que desarrollará algún tema que te atraiga. Como la dramaturgia es una labor eminentemente intelectual, ese tema elegido te causará tomar una posición: estarás a favor o en contra de cierto aspecto del círculo social, político, económico, cultural, familiar, etcétera.

Así, ya sea de manera deliberada o quizá de forma subterránea, tu obra se desplazará por ideas que defenderán o denunciarán determinada postura. La acción ideológica consiste en poner en tela de juicio esa idea. Por medio de su conducta o sus omisiones, sus palabras y sus silencios, un personaje estará a favor del concepto que tú defiendes mientras que otro u otros estarán en el sitio contrario. Al final puede haber un vencedor… o quizá la idea quede en suspenso para que el espectador reflexione.

La acción ideológica de una obra teatral podría asentarse en una serie de párrafos explicativos. De hecho, desde hace años se ha puesto de moda que un autor teatral exponga en un largo y sinuoso prólogo sus concepciones ideológicas, tal cual si fueran manifiestos artísticos o políticos.

La acción *filosófica* de la obra bien podría resumirse en una simple frase. Al escribir un texto dramático tú, como creador, tienes la oportunidad de expresar tu percepción última sobre los temas fundamentales de la vida: el tiempo, el amor, la soledad, la injusticia, Dios, la incomunicación, la felicidad, el ser ontológico, el bien y el mal. Así como pasa con la acción ideológica, la acción *filosófica* consiste en una puesta a prueba de un postulado y su final resolución. Por tenue o débil que sea, todo texto dramático conlleva una idea filosófica.

Puede suceder que lo primero que te mueva para inventar la historia sea, precisamente, lo que pienses sobre alguno de esos temas u otros similares. O bien, que una historia te atrape y una vez que le has dado forma teatral te percates que el tópico primordial sea alguno de los mencionados. En el primer caso actuaste deliberadamente; en el segundo, es bastante probable que hayas reaccionado por un impulso. En cualquiera de los casos, lo importante es que estarás manifestando tu visión profunda de las cosas y lo hagas, justamente, de una de las maneras más poderosas: mediante la imagen y la palabra. Un texto puede despertar análisis filosóficos profundos.

Como lo he asentado líneas arriba, las acciones ideológica y filosófica están vinculadas con dos términos que debes conocer muy bien: la *premisa* y la *tesis*.

La *premisa* es una afirmación o idea que alguien propone como cierta y que sirve como base dentro de la argumentación que llevará a cabo en un debate. Una vez construido el conjunto de razonamientos, se debe desprender de ellos una *tesis*. La **tesis** será la posición intelectual que se guarde frente al tema tratado.

El escritor se vale del texto teatral para exponer un punto de vista sobre un tema. Pero el planteamiento no suele hacerse desde el principio y de forma asertiva y unidimensional; es decir, mostrando su opinión sin ningún tipo de debate.

Por lo regular un buen texto dramático buscará ilustrar mediante la historia y las acciones físicas que los personajes realizan en el espacio escénico lo que provocan en sus vidas las ideas en cuestión. Ese movimiento de ideas se da con un enfoque ideológico al inicio de la obra, prosigue con su puesta en entredicho a lo largo del texto para, al final, llegar a una conclusión. Todo esto se hace, o bien de manera explícita —como en los dramas de tesis—, o de forma implícita, sugerida, indirecta, a fin de que el lector o el espectador lleguen a sus propias reflexiones.

Un par de preguntas: ¿puede un autor haber escrito un texto y el lector-espectador, al contemplarlo, concluir premisas o tesis diferentes? Más aún: ¿se puede escribir una obra carente de premisa y tesis?

A mi modo de ver, en cuanto a la segunda interrogante, diría que no. Siempre se manejará, aun de manera velada, premisa y tesis. En cuanto a la primera pregunta, un espectador realiza labores de interpretación, así que es posible que arribe a premisas o tesis distintas de las que trató de manifestar el escritor, lo cual no le restará valor. Para un buen entrenamiento, te recomiendo leer alguna de los grandes textos de la dramaturgia universal e intentar anotar en una sola línea cuál te pareció la premisa de la obra e igualmente en una línea cuál es la tesis que expuso ese autor. Este ejercicio tendrá como objetivo que te vayas ejercitando en la elaboración de esos elementos en tus propias obras dramáticas.

Antes de estudiar el diálogo dramático daremos un brevísimo paseo por un tema que, por sí solo, justificaría un libro en particular: *los géneros dramáticos*.

Me limitaré a dar ideas generales. Los géneros dramáticos tienen particulares repercusiones prácticas, por ejemplo, en los diversos modos de hacer melodrama televisivo, o en los géneros y subgéneros que se usan en cine.

Hay varias posturas respecto al número de géneros *mayores*, es decir, los que son básicos dentro de la literatura teatral. Hay quienes dicen que sólo son dos —tragedia y comedia—; otros opinan que son tres —tragedia, comedia y drama—. Mi opinión es que son siete los géneros mayores. Antes de nombrarlos debemos ver cuáles son los criterios que establecen los géneros, según Norma Román Calvo. [39]

En primer lugar, el autor dramático, ya sea de manera intuitiva o de forma deliberada, desea desarrollar cierta fórmula de composición que impacte al público provocándole reacciones particulares. Esa intención repercute en el género de su obra.

Asimismo, la elección de determinados temas incide en el género que empleará el autor de teatro. Hay temas que se prestan más a la comedia y hay otros cuya sonoridad orilla a manejos más solemnes, como en la tragedia o el melodrama grave. Claro que es posible que un tema profundo sea tratado con ligereza, como ha sucedido con las adaptaciones de *Edipo Rey*.

Igualmente, la forma de escribir, el estilo de algunos autores, determina en buena medida el género y el rumbo que toma la historia elegida. Aunque haya escogido temas graves, la pluma de Enrique Jardiel Poncela era notoriamente jocosa.

Otro criterio que fija el género es el nivel de profundidad de los personajes principales. Si nuestros protagónicos son ligeros, viciosos y divertidos, la obra difícilmente podrá ser tragedia y deberá recaer en algún tipo de comedia.

Un enfoque, más desde la perspectiva de los personajes principales, es el que contempla la capacidad y los modos conduc-

---

39 Norma Román Calvo. Op.cit. Página 103 y siguientes.

tuales que tienen ante los problemas a los que se enfrentan. Esto implica cuatro pasos: *detectar* los conflictos principales, *advertir* cómo los personajes enfrentan los problemas, *ver* si los personajes tienen posibilidades de resolverlos y *observar* el grado de eficacia de las resoluciones que toman.

Finalmente, el género será configurado por el lenguaje que el autor decide ocupar. Debemos observar el tipo de palabras que elegimos en la obra y el ordenamiento de ideas que hacemos para percibir el género en el que se desenvolverá la obra. Los tipos de lenguaje pueden ser retórico, elevado, superficial, poético —en verso o en prosa—, coloquial, popular e incongruente.

La *tragedia* es el primer género básico, fundamental, primario. De él se desprenden diferentes subgéneros. Mediante la tragedia, el autor desea provocar en el espectador piedad por el héroe trágico, al mismo tiempo que terror por el conflicto al que se enfrenta debido a su soberbia y los inexorables designios del destino. El conflicto es universal, el tono es serio y solemne, el héroe es complejo y el lenguaje del texto debe ser elevado.

En la *comedia* —el otro género fundacional— el autor busca provocar la risa reflexiva del espectador. En este tipo de obras el tema es el vicio, los defectos, las debilidades del ser humano, eso sí, vistos a la luz de la diversión y el humor. Somos imperfectos, nos podemos reír de eso y, en última instancia, disfrutamos de la vida. El hecho de señalar las fallas de determinada época implica tratarlas con la óptica de la moral imperante en ese momento. El tratamiento literario será ligero, burlón. La acción avanza por las situaciones. Los personajes son simples, basados con frecuencia en estereotipos. Hay diversas clases de comedias: de situaciones, de caracteres, de capa y espada, de enredos, etcétera.

El melodrama nace en el siglo XVII y proviene de los dramas cantados. En la Francia del siglo XIX adquirió muchas de las características con las que lo conocemos actualmente. El autor busca que el público sienta compasión por el protagonista

—que en última instancia se traduce en autocompasión— y sienta temor por el villano, quien en realidad es una encarnación del mal, de las fuerzas demoniacas. Los temas son cotidianos y con marcados matices sentimentales. Se basa en una multiplicidad de anécdotas que, en el fondo, implican la controversia entre el bien y el mal.

Los sueños, las fantasías, las aventuras que se presentan en cada episodio que conforma la vida humana, constituyen el material del que está hecha la *tragicomedia*. La finalidad de la tragicomedia será mostrar cómo se desenvuelven la virtud o el defecto en circunstancias extraordinarias y los premios o castigos que reciben. Por ende, hay dos tipos de tragicomedia: la del protagonista que intenta alcanzar una meta y se enfrenta a obstáculos supremos y fuera de lo común, y la del personaje con cierta debilidad o defecto de carácter que no desea llegar a una meta pero todo lo orilla a dirigirse hacia allá. Los temas son tratados mediante episodios, capítulos, pasajes que simbolicen las propias etapas de la vida humana. La tragicomedia busca decirnos que cada fragmento que conforma la vida tiene un significado claro y definitivo.

En el siglo XIX nació un género que poseía antecedentes, según algunos doctrinarios, desde las tragedias de la Grecia clásica. De hecho, el primer nombre que se le dio a lo que, en el medio latinoamericano, se conoce como *pieza*, fue el de *tragedia moderna*. En otras latitudes, lo que denominamos pieza es llamado de diversas maneras: drama, drama burgués, drama doméstico, tragedia doméstica, *slice of life*. La *pieza* representa un análisis del marco histórico en el que se mueven los personajes. Veremos una sociedad estancada, anquilosada, decadente. La *pieza*, o *drama*, resalta la vida interna de los personajes.

El *género didáctico* ha existido desde el nacimiento del teatro. Es un ejercicio de lógica, de argumentaciones rotundas, que buscan demostrar la importancia de la jerarquía de valores sociales, políticos, e incluso en algunas obras, religiosos. Los personajes serán símbolos con los cuales el autor pueda exponer mejor sus tesis pedagógicas. Serán obras didácticas desde los autos sacramentales hasta las piezas de Bertolt Brecht.

Se sigue discutiendo si la *farsa* es un género en sí o una forma de elaborar una obra. Hay estudiosos que opinan que la farsa es un proceso de simbolización que se puede aplicar a cualquier género. Así, podrá haber farsa trágica, farsa cómica, farsa tragicómica, etcétera. En la farsa, para poder mostrar algún significado, se recurre a subvertir la realidad, trastocándola al grado de parecernos inverosímil, o bien grotesca.

Luego de nombrar a vuelo de pájaro los géneros considerados *mayores*, es necesario comentar que las cosas se complican cuando una obra encaja en uno de los géneros enumerados pero posee también matices de otros. Con esto quiero decirte que la libertad creativa nos puede permitir toda clase de mezclas audaces. Claro, hay que recordar que para romper las reglas antes es conveniente conocerlas.

Como conclusión, te propongo esta actividad:

— Elabora una historia que sea el proyecto de tu obra de teatro. Ese *cuento* podrá ser de una extensión de una cuartilla y hasta diez.

— Deja claro cuál es el tema de tu proyecto.

— Esboza en una línea o un párrafo cuál es la premisa a cuestionar.

— Redacta en una frase cuál es tu tesis a confirmar. Es indispensable hacer un ejercicio de rigor y reducir esa oración a su mínima expresión, constando de un verbo nuclear. Me explico con un par de ejemplos: algunas tesis podrían ser *La avaricia lleva a la perdición*; *El amor vence cualquier obstáculo*; *La ley divina es superior a la ley humana*.

— Haz una lista tentativa de tus personajes: protagonistas —defenderán tus premisas— y antagonistas —serán antitéticos—. Escribe sus biografías.

— Reconoce el tipo de conflicto que manejarás.

— Detecta tu acción dramática general. Anota las acciones particulares.

— Elige el género dramático a desarrollar.

Resolver esta serie de puntos será sumamente provechoso. Verás cómo tu proyecto comienza de inmediato a tomar forma. Comenzarás a involucrarte con las situaciones creadas y sentirás cómo van naciendo tus personajes hasta volvérsete entrañables.

Es momento de dedicarle un segmento especial al diálogo dramático, ya que de su estudio dependerá que podamos aplicarnos eficazmente tanto en teatro como en televisión, cine u otras formas de guionismo.

El diálogo dramático

Aunque suene a obviedad, debemos decir que en el teatro —como en las otras formas guionísticas— los personajes *hablan*. Es verdad que en momentos mostrarán lo que son mediante su conducta física, pero el espectador los conocerá, fundamentalmente, por la palabra hablada. Por ende, el dramaturgo, al igual que el guionista, debe ser un experto en el manejo del diálogo.

El diálogo es un intercambio verbal entre dos o más personajes. Ocasionalmente, alguno de ellos se expresará mediante un *monólogo* o *soliloquio*. Las diferencias entre ambos términos son menores y se usan casi siempre como sinónimos. *Monólogo* se asocia al discurso de un personaje y puede ser a solas o frente a otros personajes. *Soliloquio* es cuando un personaje está aislado, o piensa que no hay nadie en escena, y nos muestra su ser interior. Insisto, las dos palabras, pese sus sutiles diferencias, son utilizadas indistintamente.

El estudio de las formas del habla de los personajes es indispensable para escribir teatro, cine, o televisión. El éxito o el fracaso dependen de cómo se hable en escena o en el set. Ha habido excelsos literatos que se sienten muy cómodos en poesía, novela o cuento, pero al no tener ese toque fino que requiere el manejo del diálogo, sus obras dramáticas carecen de atractivo. Por el contrario, hay escritores que llegan a dominar el diálogo de forma tan eficiente que sus obras resultan sumamente convincentes.

La virtud de saber darle verosimilitud a la verbalidad de tus personajes tiene mucho que ver con el oído; es decir, hay que saber *escuchar* a la gente, identificar formas de hablar, detectar modismos, estilos, costumbres.

Para un dramaturgo o un guionista no hay detalles en las conversaciones cotidianas que puedan pasar inadvertidos. Oír a las personas conversar en cualquier ámbito —una calle, un parque, un centro comercial, una conferencia universitaria, una junta empresarial, un hogar— resulta siempre un material inapreciable. Hay que aprender a reconocer desde los elementos más claros y evidentes —muletillas, lugares comunes, *cantaditos* o *tonadas* peculiares—, e identificar los rasgos más sutiles —variaciones sintácticas, silencios que se guardan por alguna razón, palabras favoritas, usos particulares de tiempos verbales, etc.—.

Muchas veces, cuando ya tenemos nuestro *cuento* y hemos hecho el trabajo previo en cuanto a la planeación de los diversos puntos que vimos en el capítulo dedicado a los ingredientes cuentísticos —y si nuestra intención es llevar ese cuento a un formato dramático—, los personajes comienzan a *hablar* en nuestra mente. Es momento de lanzarlos a la arena del conflicto escénico y ponerlos a intercambiar ideas, polemizar, discutir, mentir, afirmar, demostrar…

Dialogar exige una técnica adecuada, esto es, requiere la observancia de ciertos elementos formales. A continuación los iremos estudiando uno por uno, añadiendo a cada explicación algún ejemplo perteneciente a obras de teatro de diversos autores. Insistiré una vez más en que no son reglas irrebatibles: son instrumentos que nos ayudan a mejorar nuestras creaciones literarias.

Te sugiero que, con independencia de alguna obra teatral o guion que estés realizando, **hagas ejercicios aislados practi-**

cando cada una de las modalidades del diálogo a fin de que las vayas dominando. La lista de los diálogos teatrales es enunciativa, no exhaustiva. Comenzaremos por el color de los diálogos.

EL COLOR EN LOS DIÁLOGOS DRAMÁTICOS

Todo idioma es un organismo vivo. La gente se apropia de él y lo moldea de acuerdo con sus intenciones expresivas. Uno es el español... pero no se habla igual en Tijuana, México; en Los Ángeles, USA; en Córdoba, Argentina; en Bucaramanga, Colombia; en Madrid, España; o en San Juan de Puerto Rico.

No sólo las singularidades se detienen en las cuestiones geográficas: las formas de hablar adquieren matices según determinadas condiciones del hablante: el entorno familiar, el círculo social, el desarrollo cultural, la edad, el oficio, etc.

El *color* son todos esos elementos externos que alteran los modos del lenguaje haciéndolo típico de determinado contexto. Es resultado del orden sintáctico, uso de giros idiomáticos, muletillas, expresiones recurrentes y demás modos lingüísticos.

Nosotros mismos, en los diferentes roles que desempeñamos, no nos expresamos de la misma manera en el hogar, el trabajo, la escuela o con nuestros amigos. Así, uno de los colores habituales que debemos identificar como escritores es el familiar.

Es necesario acotar que dependerá del género que se elija para el texto dramático —comedia, pieza, melodrama, farsa—, el tipo de manejo que habrás de hacer del color del diálogo.

Color familiar: El trato cotidiano, los afectos, las emociones y sentimientos, los deberes de respeto, las jerarquías, los reclamos y riñas, y muchos otros factores provocan que el habla dentro de las familias tenga rasgos especiales. Como dramaturgo deberás de infundirle las tonalidades necesarias según se trate de la madre, el padre, el hermano mayor, el menor, la hermana de en medio, una tía, los primos, etc.

Oigamos cómo se expresa una familia muy especial en la obra *La omisión de la familia Coleman*, del autor argentino Claudio Tolcachir. [40] Memé es la madre, Marito y Damián son hermanos. Así da inicio:

Marito (desde la puerta del baño): Damián. Damián. Damián.
    (Damián entra y cierra la puerta del baño con un portazo.)
Marito: Damián. Damián.
(Trata de entrar pero de un empujón sale expulsado hacia
    fuera. Vuelve junto a Memé).
Memé: ¿Tú pudiste dormir anoche?
Marito: Sí.
Marito: Tengo hambre
Memé: ¿Estabas inquieto?
Memé: Te parabas, te acostabas, te parabas...
Marito: No, no, yo no.
Memé: ¿Está bien hacer eso cuando Memé duerme?
Marito: Tengo hambre
Memé: ¿Pones agüita? Así tomamos la leche...
Marito: No.
Memé: Así desayunamos.
Marito: No
Memé: Siempre tengo que hacer las cosas yo.
Marito: Ve la cocina. Damián y yo tenemos que mantener
    una... conversación.
(Damián sale del baño y se sienta en la mesa. Está mareado,
    aturdido).

---

40   Tomado de: https://www.youtube.com/watch?v=vOgXlz9318c.

Memé: Yo no voy a ningún lado, yo me quedo acá hasta que a
tu hermanito se le pase... Ve tú.
Marito: No, para mí es imposible.
Memé: Bueno, no va nadie; nadie come. Y nos vamos a morir
de hambre.

Deseo resaltar un par de detalles: el uso de diminutivos, la importancia del *yo*, los reclamos, las retahílas —*te parabas, te acostabas, te parabas*—, las órdenes imperativas, etcétera.

Tarea: haz un diálogo de dos a tres cuartillas en el que uses el color familiar, creando personajes definidos como padres, abuelos, hijos, etcétera, tratando de definir lo mejor posible cada carácter.

Color de edad: Enfocados, no a los temas que abordan, sino a cómo se expresan, es posible reconocer que hay diferencias entre cómo hablan los viejos, los jóvenes, los niños.

En ocasiones esos detalles son sutiles; en otros momentos son sustanciales. Hay frases típicas de un anciano que un joven jamás diría, y viceversa. Recalco que mucho va a depender el género en el que se quiera proyectar el texto para saber el tratamiento que se le dará al diálogo.

Vayamos al ejemplo. Se trata de un texto del autor mexicano Emilio Carballido, *Fotografía en la playa*. [41] En esa obra parti-

---

41   Emilio Carballido. *Fotografía en la playa*. Escenología-Drama. 1994. Págs. 25 y ss.

cipa una familia integrada por adultos mayores, gente madura, jóvenes, niños, etc.

(La Abuela se sienta en la silla de playa).

Abuela.- ¿Tú quién eres, criatura? ¿La alumna de Héctor?

Patricia.- Ay, doña Catita, soy Paty, su sirvienta.

Abuela.- Te desconocí. Será porque estás sin ropa.

Patricia.- No se fije. (Alza un libro, como ha venido haciendo todo el tiempo, le pasa los ojos, lo deja otra vez. Pausa.) Estoy en secundaria, voy por la tarde. Ya sé un poco de inglés. El año que viene voy a estudiar belleza, porque es rápido y deja mucho.

Abuela.- ¿Qué es eso de belleza?

Patricia.- Pues peinar, y... pintar el pelo, rizarlo... Las uñas... Cosas que hacen en el salón de belleza.

Abuela.- Esto te va a dejar dinero. Todas las mujeres más horrorosas pagan porque les hagan desfiguros.

Patricia.- Pero con eso, voy a estudiar para ser secretaria, o cajera de banco.

Abuela.- Cajera. Lo de la secretaria está muy desprestigiado. ¿Y no vas a casarte?

Patricia.- Mire, si encuentro un hombre que me acomode para mucho tiempo, porque si no, qué caso tiene, ¿no cree?

Veamos otro ejemplo del propio Carballido, *La lente maravillosa*, [42] en el que el autor maneja los diálogos de niños:

(Paco y Juan corren atontados, huyen y se esconden entre los asientos. Lentamente, los microbios empiezan a acercarse al público).

---

42   Emilio Carballido. *La lente maravillosa*. Tomado de: https://es.scribd.com/doc/274544263/La-Lente-Maravillosa

Coco: ¡Mira cuántos niños!
Bacilo: ¡Y allí está uno que tiene las manos sucias!
Amiba: ¡Mira qué uñas tan largas tiene aquélla!
Microbio: ¡Hay muchos, muchos, todos para nosotros!
(Se van acercando más a los niños del público).
Coco: ¿A cuál vamos a atacar primero?
(Aparecen en el foro María y Lola; vienen muy sucias).
Lola: ¿Qué pasó? ¡Juaaan! ¡Paaacoooo!
María: ¡Si no vienen, nos vamos! ¿No quieren hacer tortas de lodo?
Lola: ¡Ya no se escondan!
Coco: (Ruge) ¡Mira qué delicia!
Amiba: ¡Ésas son las más sucias!
Todos: ¡A ellas!
(Corren y las agarran).
María y Lola: ¡Ay mamacita linda! ¡Nos llevan los monstruos!
(Se las llevan arrastrando. Ellas gritan).
Paco: ¡Se llevaron a María y a Lola!
Juan: ¿Y ahora qué hacemos?
Paco: ¡Hay que buscar al viejito, para que nos ayude a rescatarlas!

Carballido recurre a constantes interjecciones, resoluciones audaces, preguntas sencillas, juicios de gusto, etc., para dar el carácter infantil del diálogo.

Tarea: haz un diálogo de dos a tres cuartillas en el que practiques el color de edad, definiendo niños, jóvenes o adultos, según prefieras.

Color profesional o de oficio: En determinados casos debes tener en cuenta cómo elaboran sus discursos tus personajes dependiendo de a qué se dedican, o qué palabras prefieren usar en ciertos casos.

Obviamente un médico o un abogado, con su familia o amigos, no recurrirían comúnmente a tecnicismos, pero en ámbitos especiales utilizarán su jerga o argot habituales. Como dramaturgo o guionista debes conocer este tipo de lenguajes particulares.

Te mostraré un excelente ejemplo. Se trata de la obra *NN12* de la escritora española Gracia Morales. [43] Una investigadora da un reporte sobre el hallazgo de cuerpos en un lote baldío:

Forense.- ¿Preguntas?

(Durante esta secuencia, la Forense habla hacia distintos puntos, no muy lejanos entre sí, dando la sensación de que responde a preguntas que se le realizan, pero que nosotros no oímos). ¿Sí? (Tras escuchar una pregunta.) Sí, algunos de los informantes van buscando a sus familiares. Un total de quince familias, pero sólo hemos encontrado los restos de doce cadáveres. Por eso, se ha decidido ampliar los trabajos de excavación en la zona. Se está realizando la ficha premortem de las personas desaparecidas y les llegarán en unos días. (Tras una nueva pregunta.) No. Lo siento, eso no lo sabemos. (Tras otra.) Sí, sí, todos con arma de fuego. Los restos de munición que se han encontrado corresponden a armas cortas, pistolas, en dos calibres: 9 mm. Largo y 7,65 mm. Browning. ¿Alguna pregunta más? (Escucha. Luego contesta.) No, por ahora no. No es que estemos trabajando en secreto, la prensa ya estaba allí cuando llegamos y sabe que se está llevando a cabo esta investigación, pero preferimos mantener la privacidad de los resulta-

---

43   Gracia Morales. *NN12*. Disponible en: https://www.celcit.org.ar/publicaciones/biblioteca-teatral-dla/.

dos. Lo importante es que podamos trabajar tranquilos, sin la presión del exterior. ¿Algo más? Muy bien. Ahora se les notificará qué individuo se les ha asignado a cada uno. Muchas gracias por su atención.

Es patente el estudio del lenguaje que debió realizar la autora para escribir este monólogo que introduce su magnífica obra. A pesar de ser lenguaje «duro», hay avance en la acción e interés en saber qué sigue.

Tarea: elige una profesión, empleo u oficio. Registra las peculiaridades de su lenguaje. Escribe un diálogo usando las palabras típicas de ese trabajo, eso sí, procurando que resulte una conversación vívida. Por ejemplo, podrías escribir una plática entre un arquitecto y una clienta, un abogado y una pareja que se quiere divorciar, un mecánico frente a los reclamos de un hombre indignado.

Color social: Una de las formas de diálogo más riesgosa es la que requiere color social; esto, debido a que, con frecuencia, se cae en el error de la caricaturización. Si buscas hacer una sátira, estarás en lo correcto, pero si lo que quieres es reflejar naturalidad en las formas del habla hay que reproducir con técnica.

Hay un fenómeno interesante: en ocasiones, si deseas recabar el habla de determinado sector social y lo copias textual, en el momento de incrustarlo en un texto dramático es muy posible que suene falso, exagerado, artificial. Escribir una obra de teatro o un guion requiere un tratamiento especial, artístico, en el que observes mesura en el uso de esos detalles.

Jesús González Dávila fue un dramaturgo mexicano que se caracterizó por un oído muy fino al reflejar el habla popular. Éste es un fragmento de su obra *Rufino de la calle*. [44]

Rufino: ¿Usted sabe... de mi papá? Digo, el de a de veras. ¿Usted sabe?

La Seño: Quítate. Qué voy a saber.

Rufino: Por qué no me dice.

La Seño: Porque no sé.

Rufino: Total, si ya me voy.

La Seño: (Pausa.) Trabajó por Garibaldi, dicen, hace años. De mesero o algo así. Luego lo vieron en el Canta-Ranas.

Rufino: ¿Dónde es eso?

La Seño: Un tugurio atrás de la Merced, pero ya lo tiraron.

Rufino: ¿Entonces?

(La Seño pone alguna ropa sobre una camisa, le amarra las mangas y le entrega el bulto).

La Seño: Toma, llévate esto. Y la bolsa de pan. (Rufino la mira a los ojos.) Se llama Alfredo. Alfredo Hernández.

Rufino: Alfredo Hernández.

La Seño: ¿Sabes cuántos hay que se llaman igual?

Rufino: El chingo. (Pausa.) Pero lo voy a buscar.

La Seño: Tú sabrás.

Rufino: (Toma el bulto y la bolsa.) Seño...

La Seño: No, ni me lo agradezcas. Has sido bueno, y por eso me apuro. (Lo empuja a la puerta.) Ándale, no vaya a regresar el Ochoa.

Rufino: Póngase algo en ese golpe, seño. Se le ve re feo.

La Seño: Sí, sí. Vuélale tú. No te lo vayas a encontrar en la escalera o el zaguán. (Rufino sale. Ella le grita desde la

44   Jesús González Dávila. *Rufino de la calle*. Disponible en https://es.scribd. com/document/183150464/De-la-calle-Jesus-Gonzalez-Davila

puerta.) Oye. En aquellos tiempos le decían... el Chícharo...
A lo mejor alguien se acuerda.(Cierra la puerta. Va y se tira
de nuevo en la cama).

La plática entre Rufino y la Seño está llena de detalles del habla local que, seguramente, habrás identificado. En este pequeño pasaje se puede advertir el manejo del color social. También resalta —lo veremos más adelante— la *organicidad* en el diálogo, dada la brevedad y el ritmo con que está escrito.

Tarea: proponte realizar tres ejercicios —o más—, de las mismas dimensiones que los anteriores, en los que retrates el habla de distintas clases sociales. Podrías procurar una con la clase alta, otro con la clase baja, y otro con la clase media.

Color cultural: A este color se le toma como sinónimo del anterior, pero tiene sus propias tonalidades. Hay lógica en esto. Una persona de clase alta no necesariamente tiene un amplio desarrollo cultural, y por el contrario, una persona de clase media o baja puede tener sólidas bases culturales. Como podrás advertir, color *social* y color *cultural* son cajones que guardan cosas distintas. Además, ambas formas nos implican siempre retos personales pues debemos introducirnos en ambientes que, en ocasiones, nos resultan un tanto ajenos y debemos hacerlos nuestros. El estudio de estas fórmulas verbales es apasionante.

Te mostraré un breve ejemplo. Una adaptación que hice del célebre texto *El oso*, de Antón Chéjov. Recordarás que se trata de una discusión álgida entre una viuda de finas maneras con un hombre tosco y bruto que es recibido en casa de la dama por una criada.

Pedro: (A Genoveva, criada.) ¡Imbécil, burra! ¡Si me sigues fregando te rompo la cabeza! ¡Idiota! (Volviéndose a Elena.) ¿Elena? Soy Pedro Barragán, dueño de varios talleres mecánicos. Tengo que molestarla por un asunto muy grave.

Elena: (Sin tenderle la mano.) ¿En qué puedo servirle?

Pedro: Gustavito, su difunto marido, era mi cliente. Me debía cinco mil pesos. Mañana tengo que pagarle al banco un chorro de dinero, así que le pido que se caiga con la lana. Con todo respeto.

Elena: ¿Cinco mil? ¿Y por qué le debía ese dinero?

Pedro: Un montón de arreglos que le hice a su coche. Siempre me decía, «luego», «luego». Aquí tengo los comprobantes.

Elena: (Suspirando, a Genoveva.) No se te olvide decirle al José que lave el coche. (A Pedro.) Si mi marido le debe ese dinero se lo pagaré; pero, perdóneme, hoy no puedo.

Pedro: Por qué.

Elena: Tengo que hacer cuentas con mi contador. Además, hoy hace seis meses que murió mi marido, así que estoy muy deprimida.

Pedro: Pues yo estoy todavía de peor humor. Si mañana no pago me embargan. Me revientan, ¿comprende usté?

Elena: Pasado mañana recibirá usted su dinero.

Pedro: ¡Lo necesito hoy, no pasado mañana!

Elena: Hoy no puedo pagarle.

Pedro: ¿Es esa su última palabra?

Elena: Sí, mi última palabra.

Pedro: ¿Definitivamente?

Elena: Definitivamente.

Tarea: te sugiero hacer algunos ejercicios que reflejen, por ejemplo, alguien de clase alta con bajo perfil cultural, y otra persona de clase baja con alto nivel cultural.

Color geográfico: Éste es el color más socorrido y el que debe mantenernos más alerta. ¿Por qué razón? Si deseamos imprimir verdad en el habla de nuestros personajes y elegimos para ellos determinada localización geográfica, debemos estudiar bien esas formas de expresarse. A menos que busquemos la consabida caricaturización, es necesario tener conciencia de que, si queremos reflejar un habla regional, debemos estudiarla con detalle.

Por otra parte, el color geográfico puede ser muy atractivo, pero también puede llegar a ser confuso e ininteligible. Esto será más evidente con el siguiente diálogo, extraído de la obra *La Nona*, de Roberto Cossa. [45] Entre paréntesis y negritas colocaré aclaraciones de ciertas palabras.

> *María: ¿Qué? ¿Va a seguir tomando?*
> *Anyula: Está componiendo. Un tango muy lindo.*
> *María: Usted es muy buena, Anyula.*
> *Anyula: ¿Qué querés? Es mi sobrino preferido. Carmelo es muy bueno, también, muy trabajador. Ya sabes cómo lo quiero. Pero Chicho... ¡qué sé yo! Es un artista.*
> *María: (Irónica.) Sé...* **(En vez de Sí)** *Un artista.*

---

45   Roberto Cossa. *La nona.* Disponible en http://www.dramavirtual.org/ search/label/Cossa%20La%20Nona.

Anyula: Como papá.
(La Nona agita la bolsita de pochoclo vacía).
Nona: Má pochoclo. (**«Más pochoclo». La Nona habla en una jerga italo-criolla argentina. «Pochoclo» son palomitas de maíz).**
María: ¡Qué pochoclo! Ahora vamos a cenar. (La Nona agita la bolsita vacía cerca de la cara de Anyula).
Nona: Má pochoclo, nena.
Anyula: No quedó más, mamá. (A María.) ¿Le voy a comprar?
María: ¡Pero no! No tiene que comer porquerías.
Nona: (A María) ¿No tené salamín?
María: ¡Qué salamín! Espere la cena, le dije.
(Sin que nadie lo advierta, la Nona agarra un pan y se lo mete en el bolsillo).
Nona: ¿Un po de formayo? **(Queso)**
María: ¡Nada, le he dicho! Aguántese hasta la cena.

El color geográfico nos exige un claro conocimiento del habla que pretendemos reflejar.

Tarea: un escritor se maneja mejor hablando de contextos que conoce. Pero eso no significa que no podamos afrontar desafíos. Te propongo escoger un par de sitios distintos del tuyo y tratar de realizar dos breves diálogos conforme a esos lugares. ¿Qué te parecería dos veracruzanos, o dos chilangos, o incluso una conversación entre colombianos o argentinos?

Color de época: Reproducir el lenguaje de determinada época es un efecto ilusorio. El espectador, o el lector, deben creer que *así se hablaba* aun cuando eso no sea exactamente verdadero. Si nos remitiéramos a las formas precisas de verbalización de cierta época, correríamos el peligro de que la obra fuera incomprensible. Pero hay ciertos modos lingüísticos, ciertos giros gramaticales, que *suenan* como de antaño. El caso es seleccionar las adecuadas.

Si quisiéramos hacer una adaptación del *Poema del Mío Cid* —por cierto, se ha hecho y con mucho éxito—, tendríamos que hacer severas modificaciones al texto original para traerlo a nuestra época, eso sí, creando la ilusión de que *esa era el habla*.

Te ofrezco un breve diálogo de *Doña Josefa*, una obra en la que procuré recrear la verbalidad del siglo XIX en el México independentista.

> *Collado: Dependerá de usted. (Leyendo) María de la Natividad Josefa Ortiz de Domínguez, hija de Juan José Ortiz, capitán del Regimiento conocido popularmente como de los Morados, y de María Manuela Girón, ambos españoles; nacida en Valladolid en el año de mil setecientos...*
> *Josefa: Señor Collado, ahórrese ese tipo de detalles.*
> *Collado: Está bien. (Leyendo) Tras el fallecimiento de su madre, se hizo cargo de usted su hermana María Sotero, la cual la hizo ingresar en el Colegio de San Ignacio de Loyola, en la Ciudad de México. En el año de 1793 contrajo matrimonio con el señor Miguel Domínguez...*
> *Josefa: (Interrumpiendo) Discúlpeme... ¿viene a decirme cosas que sé de sobra?*
> *Collado: Son los prolegómenos necesarios para iniciar las averiguaciones que habrán de integrar su proceso.*
> *Josefa: ¡Qué enredado está todo eso, Santo Dios!*

Collado: (Leyendo) Ha procreado once hijos y actualmente se
encuentra en estado de gravi...
Josefa: ¡Señor Collado, basta! Hágame las preguntas que tenga
qué hacer y váyase de inmediato.
Collado: (Cierra el libro. Susurra) Se dice que los insurgentes
tienen alas de murciélagos, cuernos, garras en vez de uñas,
horrendos picos y colas encrespadas como los grifos.

Podrás percibir que el habla es mayormente contemporánea, pero están incrustadas algunas fórmulas que tienen cierto aroma añejo. Hay algunas novelas que son de gran ayuda para este tipo de trabajos. En el caso concreto de mi obra me apoyé, entre otros textos, en *Los pasos de López*, de Jorge Ibargüengoitia.

Tarea: si te gusta la historia y quieres situar alguna de tus obras en una época determinada, podrías ir practicando de la siguiente manera: elige una novela contemporánea que toque el periodo histórico que desees abordar. Pon atención a los diálogos, subráyalos, reescríbelos, y finalmente, adáptalos a la forma que quieres darles. Así irás desarrollando un estilo propio, según la época que anhelas reproducir.

Por último, quiero remarcar que la actividad de poner atención al habla de la gente es un factor determinante para nuestro *desarrollo personal*. Al observar cómo hablan los demás por fuerza habremos de despertar empatía por los otros. Conocer mejor a los otros... es conocernos mejor a nosotros mismos.

EL DIÁLOGO TEATRAL.
ELEMENTOS COMPLEMENTARIOS

El color de los diálogos es algo sumamente importante para que tus trabajos adquieran vida. Pero no es lo único. Además hay otros elementos técnicos que se deben contemplar.

En la medida en que vayas haciendo los ejercicios y las tareas que te propongo, irás descubriendo la trascendencia de los factores que veremos a continuación. Insisto, la habilidad que desarrolles será proporcional a la cantidad de ensayos que hagas. En cualquiera de los campos de creación literaria lo importante es el ejercicio diario.

VITALIDAD Y CREDIBILIDAD

Luisa Josefina Hernández hacía especial énfasis al decir que uno de los elementos fundamentales del diálogo teatral era su credibilidad, la *vida* que debía emanar de él.

El diálogo en una obra de teatro, o en cualquier tipo de guion, debe dar la sensación de ocurrir en el presente, persuadirnos de que asistimos al intercambio de ideas de seres reales que viven una situación conflictiva también real.

Escuchemos un fragmento de un clásico mexicano, *Los signos del zodiaco*, de Sergio Magaña. [46]

> *Pedro.- (Con intención.) En la tarde hablé con Cecilio. Dice que se va hoy, en el nocturno.*

---

46   Sergio Magaña. *Los signos del zodiaco.* Tomado de: http://www.dramavirtual.org/search/label/MAGA%C3%91A%20Sergio%20LOS%20SIGNOS%20DEL%20ZODIACO.

Polita.- No lo pierdas, María.

Pedro.-Y el tren nocturno sele de Buenavista dentro de una hora.

María.- (Abatida.) Ya lo sé.

Pedro.- ¿Te dijo algo?

María.- Hablamos. Quiere que me vaya con él. Pero yo...

Pedro.- Lalo era lo único bueno de tu casa, y ya ves, se arregló.

María.- (Agitada.) Si no fuera por mi tía.

Pedro.- Y por Estela.

María.- No he cruzado con ella una sola palabra. No quiero.

Polita.- Ve con Cecilio, María, todavía estás a tiempo.

(Entra Sofía. Trae un paquetito en las manos.)

María.- No me atrevo. (Su nerviosidad va en aumento.)

Polita.- ¿Por qué lo piensas tanto, no lo quieres?

María.- Es otra cosa...

Pedro.- Es una sola cosa.

María.- ¡Te lo ruego, Pedro!

Pedro.- Miedo.

María.- Debe ser miedo. No debería tenerlo, no.

Polita.- Entonces...

María.- Entonces... Tienes razón. (Duda.) Claro que tienes razón. ¿Qué hora es, Pedro?

Pedro.- El tiempo justo.

María.- ¡Oh, no, es que quiero despedirme de ellas! (Mira a su casa.)

Pedro.- Vete ahora y escríbeles después.

María.- No puede ser. Tengo que despedirme, empacar mis cosas.

Polita.- Déjalo todo. Alguien puede mandar tus cosas luego.

En este diálogo, como en varios de los presentados con anterioridad, los personajes dan la impresión de reaccionar espontáneamente, con organicidad, en un *aquí y ahora* planteados por el escritor; pero a pesar de que está la mano del dramaturgo,

124

queda en nuestra retina la imagen de que hablan individuos de carne y hueso.

CONGRUENCIA DIALÓGICA ENTRE LOS PERSONAJES, LAS SITUACIONES Y EL GÉNERO DRAMÁTICO

Regularmente, cuando se entra al proceso de revisión del texto —que puede llevar reiteradas sesiones— habrá que poner especial atención en que los diálogos sean coherentes con el perfil de los personajes creados, los propios acontecimientos puestos en el escenario y, por supuesto, con el género dramático elegido.

Este cuidado puede procurarse desde que se está elaborando el primer tratamiento; empero, es recomendable que cuando se obedece al impulso creativo de las primeras páginas, lo mejor es dejarse llevar por la pluma y postergar para las relecturas la congruencia de los elementos puestos.

Cuando repases lo escrito es necesario ser muy riguroso en cuanto a lo que algún personaje puede o no puede decir y a cómo lo dice, o la correspondencia que algún diálogo deba tener con la situación dada; o más aún, hay que observar atentamente que cada frase, cada palabra, estén encuadradas dentro del género dramático del conjunto.

Me parece que el siguiente pasaje es un claro ejemplo de coherencia y secuencia lógica. Se trata de la excelente obra de Darío Fo *Muerte accidental de un anarquista*. [47] El texto, enclavado en comedia —dicho por el propio Darío Fo en el prólogo—, inicia

---

47   Darío Fo. *Muerte accidental de un anarquista*. Trad. Carla Matteini. Tomado de http://blogs.infolibre.es/alrevesyalderecho/wp-content/uploads/2014/02/muerte_accidental_anarquista.pdf

con el interrogatorio del comisario Bertozzo a un tipo locuaz, astuto e ingenioso:

Bertozzo.- *(Hojea papeles mientras se dirige a un sospechoso, que está sentado tranquilamente) Vaya, vaya. Así que no es la primera vez que te disfrazas. Aquí dice que te has hecho pasar dos veces por cirujano, una por capitán de infantería, tres por obispo, una por ingeniero naval. En total te han detenido...veamos... dos y tres, cinco... una, tres... dos... once veces en total, y con ésta, doce.*

Sospechoso.- *Sí, doce detenciones. Pero le hago notar, señor comisario Bertozzo, que jamás me han condenado. Mi expediente está limpio.*

Bertozzo.- *No sé cómo te las habrás arreglado para salvarte, pero te aseguro que ahora te lo mancho yo. ¡Puedes jurarlo!*

Sospechoso.- *No, si yo lo comprendo, comisario. Un expediente que manchar se le apetece a cualquiera.*

Bertozzo.- *Muy gracioso. La denuncia dice que te has hecho pasar por psiquiatra, profesor ex-adjunto en la Universidad de Padua. ¿Sabes que puedes ir a la cárcel por impostor?*

Sospechoso.- *En efecto, si fuera un impostor cuerdo. Pero estoy loco, loco patentado. Observe mi historial clínico: internado dieciséis veces, y siempre por lo mismo. Tengo la manía de los personajes, se llama «histriomanía», viene de histrión, que significa actor. Tengo el hobby de interpretar papeles siempre distintos. Pero como lo mío es el teatro verité, necesito que mi compañía la componga gente de verdad, que no sepa actuar. Además, carezco de medios, y no podría pagarles. He pedido subvenciones al Ministerio de Cultura, pero al no tener contactos políticos...*

Bertozzo.-*...te subvencionan tus actores. Que los explotas, vamos.*

Sospechoso.- *Yo jamás he estafado a nadie.*

Bertozzo.- Si te parece poca estafa cobrar cien mil liras por consulta...

Agente.- (Que está detrás del sospechoso) ¡Qué fraude!

Sospechoso.- Son los honorarios habituales de un psiquiatra que se respete, y ha pasado más de dieciséis años estudiando esa disciplina.

La habilidad de Darío Fo para dialogar es manifiesta. Todo fluye con una lógica absoluta. Sobra decir que es un maestro de la comedia.

Tarea: te sugiero leer los siguientes textos, «Medea», de Eurípides —tragedia—, «El avaro», de Molière —comedia—, «Deseo bajo los olmos», de Eugene O'Neill —melodrama—, «Peer Gynt», de Henrik Ibsen —tragicomedia—, «La ópera de los tres centavos», de Bertolt Brecht —pieza didáctica—, «La cantante calva», de Eugène Ionesco —teatro del absurdo—. Revisa con atención la congruencia de los personajes, situaciones y los respectivos géneros.

LA EMOTIVIDAD DE LOS DIÁLOGOS

Ocasionalmente una obra o un guion de cine o televisión pueden desarrollar interesantes conversaciones frías, lógicas y cerebrales, en las que prive la contención de las emociones y haya un predominio de la razón. No es lo común. Por lo general nuestros personajes estarán inmersos en una fuerte tensión emocional provocada por situaciones críticas, y sus diálogos habrán de reflejarlo.

Debemos saber manejar esa exaltación de sentimientos pues, quizás, nuestro objetivo sea conmover al lector-espectador. Incluso, en ciertos momentos, un control muy bien medido de las emociones puede ser más eficaz y causar un mayor impacto.

Es probable que el siguiente ejemplo ilustre este argumento. Se trata de una de las escenas finales de la obra *Sus ojos se cerraron*, del dramaturgo uruguayo Dino Armas. [48] En una boda, Natalio, el novio, lanza un tímido discurso antes de decidirse por una de dos mujeres:

Natalio.- Quisiera decirles algo antes de irme. Ustedes saben que no soy de hablar y menos de hacer discursos; pero quiero hablarles... Hoy es un día muy importante para mí... este... quiero darle las gracias a Virgilio y a Castrito porque se largaron de tan lejos sólo para saludarme... A las vecinas (por Shirley y Flaca) que con su alegría dieron brillo a la fiesta... A mis padres que se gastaron hasta lo que no tenían para que saliera bien la cosa... Este, a ellos dos (por Eulogio y Fotógrafo) dos trabajadores desconocidos pero que ya son como de la familia... Y a doña Hortensia y a la Lourdes toda mi gratitud por haber acompañado a mi madrina... Y... y nada más. (Aplausos débiles) Bueno, ¿estás pronta?

Graciela.- Sí. No veo la hora de irme. ¿La valija la llevás vos?

Natalio.- ¿Estás pronta?

Graciela.- Ya te dije que sí.

Natalio.- Le preguntaba a Clara. ¿Estás dispuesta, mi amor, a irte conmigo?

Elvira.- Estás loco.

Graciela.- Sabés que no podés irte con ella.

Natalio.- ¿Entonces, nena...?

---

48   Dino Armas. *Sus ojos se cerraron*. Disponible en: http://dramaturgiauru-guaya.uy/sus-ojos-se-cerraron/.

Clara.- Sí, Natalio, sí. Vámonos ya.

Mauro.- Así se habla, carajo. Voy a contárselo a Celestina.
(Mutis.)

Eventos climáticos orillan a los personajes exponer sus sentimientos más vivos, a abrir su corazón, a despojarse de máscaras para mostrarse tal como son.

Uno de los principales cometidos que tienes como dramaturgo o guionista es llevar las historias a sus últimas consecuencias. Allí, los seres que habrás creado estarán sometidos a momentos extremos, lo que ocasionará que los conozcamos en sus perfiles más humanos.

Un riesgo recurrente es tener entre las manos una historia con mucho potencial y contener a los personajes de tal forma que impidamos que lleguen al máximo de sus emociones. En ese caso, los diálogos resultan tibios, medianos, débiles, sin posibilidad de conmover.

Otro peligro es tratar de infundir una supuesta emotividad incrustando en los parlamentos cantidad de groserías. Es cierto que pueden dar viveza en algunas situaciones. Empero, en ciertos ámbitos, este recurso se ha convertido en un *recurso* tremendista para dar una especie de naturalidad que puede producir un efecto más bien disonante y barato. Las llamadas *palabrotas* o *tacos* deben obedecer a una labor inteligente.

Tarea: crea un diálogo entre dos personajes contrapuestos: uno de ellos sumamente frío y controlado; otro, completamente emocional, visceral. En dos o tres cuartillas deberás conocerlos, verlos interactuar, mostrar sus debilidades y fortalezas.

SABER ADMINISTRAR LA INFORMACIÓN

Se escribe con el corazón… y con el cerebro. Una vez que tienes tu historia, tu *cuento*, y tu intención ha sido transformarlo en texto dramático, es conveniente que tengas claros los pasos sistemáticos que vas dando cada acto, cada cuartilla, cada escena, hasta en cada palabra, con el objetivo de que tu historia no se estacione ni se desboque, sino que vaya avanzando adecuadamente en dirección a la meta final.

No es fácil. Hay que tener tacto para aplicar el *freno* y el *acelerador* de manera conveniente. Si nos precipitamos dando de golpe datos vitales, el resto de nuestro texto puede volverse reiteración de lo dicho; si nuestra acción se vuelve morosa, dando vueltas y vueltas sin avances tangibles, el respetable público va a pegar felinos bostezos.

Es muy claro: se trata de tener un método de exposición. Este principio lo asocio con esa cualidad natural que poseen los grandes conversadores: tienen ese extraño sentido para **saber dosificar la narración**, procurando imprimir tensión e intensidad y mantener al auditorio en estado de hipnosis.

Te propongo echarle un ojo a una escena del autor argentino Javier Daulte, Se trata de la obra *Martha Stutz*. [49] La obra habla, mediante una farsa trágica, del juicio en el que se intenta dilucidar la desaparición y el probable asesinato de una jovencita. En el siguiente fragmento habla una mujer que dará importante información:

Conductor.- En fin. Limitémonos a la descripción de los hechos. (Arremete el Ayudante 2).

---

49   Javier Daulte. *Marta Stutz*. Tomado de la biblioteca teatral: https://www.celcit.org.ar/publicaciones/biblioteca-teatral-dla/

Ayudante 2.- Carmen sola en su casa. Suenan golpes en la puerta. (Patea tres veces el piso). Carmen abre la puerta.

(Se adelanta unos pasos hasta donde está Suárez Zabala 1 con la Mujer/Niña desvanecida en sus brazos. Leyendo del papel) ¿Sí? ¿Qué desea?

Ayudante 1.- (Lee). Tome. Se muere. Cúrela.

(Suárez Zabala le entrega la Mujer/Niña al Ayudante 2 y se sienta en su banco).

Ayudante 2.- Carmen lleva a la chica a su consultorio.

Ayudante 1.- (Llevando una camilla con ruedas al centro de la escena) Según informe de los peritos, una habitación sin las mínimas condiciones de asepsia donde la señora Carmen Barrientos hacía ejercicio ilegal de la medicina.

(El Ayudante 2 acuesta a la Mujer/Niña sobre la camilla).

Ayudante 2.- (Lee). Una semana después la niña deja de vivir.

(El Ayudante 1 se adelanta con una sábana para cubrir el cuerpo de la Mujer/Niña).

Mujer/Niña.- ¡¡No!! (El Ayudante 1 se detiene. La Mujer/Niña se levanta y corre hasta Carmen). ¡No! ¡No deje que pase esto! ¡Hágalo seguir! ¡Hágalo seguir!

Carmen.- No, no, mi nena; no te va a pasar nada. Va a pasar. Ya va a pasar.

(Un silencio. Carmen se dirige al Conductor).

Carmen.- Yo no sé nada. Yo tenía una nena muriéndose en mi casa. Es lo único que yo sé. ¿Por qué? ¿Por qué tuve que ser yo? ¡¿Por qué tuve que abrir esa puerta?! ¿Por qué no habré estado dormida... o muerta? Ay, Dios mío ¿por qué no habré estado muerta?

Los procesos jurídicos, en particular los penales, son fuente permanente de textos dramáticos. Esto es así debido a que dan oportunidad de plantear con claridad la rivalidad entre dos fuerzas: una que acusa, otra que defiende. Además, en los juicios —bien teatralizados— se sigue una serie de procedimientos metódicos para procurar llegar a la verdad. En otras palabras, se *administra* la información correctamente. Saber controlar la exposición de tu historia es una de las más importantes destrezas que debes desarrollar como escritor.

> Tarea: te propongo dos escenas. En una primera, escribe un diálogo de tres cuartillas en el que un personaje debe revelar a otro una noticia, la que tú quieras. En un segundo ejercicio, deberás hacer lo mismo, pero ahora en seis cuartillas. Procura que no se pierda la intensidad ni la tensión, a pesar de la diferencia de cuartillas.

EL VALOR DE LA SÍNTESIS

Este postulado va en contra de un par de tentaciones que se tiene al escribir: el regodearse con las propias creaciones y el intentar ser demasiado explícitos.

Para vencer tales riesgos hay que hacer acopio de la mayor objetividad posible y, en reiteradas sesiones de revisión, limpiar el texto de elementos sobrantes.

Es cierto, en el diálogo dramático o guionístico en ocasiones los personajes están diseñados con algún grado de locuacidad, o incluso verborrea. Igualmente, dentro de las características del rol, hay que observar el principio de síntesis.

Escuchemos un pasaje creado por el dramaturgo español José Luis Alonso de Santos. Pertenece a su obra corta *Una verdadera mártir*, texto incluido en *Cuadros de amor y humor, al fresco.* [50] Un hombre está en el banco de un parque y una mujer intenta entablar conversación.

> Ella.- *Oye... perdona... ¿Vienes mucho por aquí?*
> Él.- *(Despectivo) ¡Y a ti qué te importa! (Sigue leyendo).*
> Ella.- *(Acercándose en el banco) ¿Estudias o trabajas?*
> Él.- *¿Quieres que llame a un guardia?, ¿eh?*
> Ella.- *Bueno, no te pongas así... No te estoy haciendo nada. Sólo estoy aquí, sentada... El banco es de todos.*
> *(Pausa).*
> Él.- *(Mirándola duramente) Pero bueno, ¿tú eres tonta, o qué?*
> Ella.- *Desde luego, los hombres sois todos iguales. No sé qué os creéis, que estamos todas deseando... No te voy a comer.*
> Él.- *¿Es que no puede uno venir al parque tranquilamente a leer el periódico sin que se acerque una pesada?*
> Ella.- *¡No puedo más! (Se pone a llorar) Llevo más de un año detrás de ti. No te pones al teléfono, no quieres hablar conmigo, y cuando te encuentro haces como que no me conoces... Yo trato de seguirte la corriente, pero esto no puede seguir así. Estoy sufriendo y pasándolo muy mal.*
> Él.- *¡Y a mí qué me cuentas! Es tu problema.*
> Ella.- *¿Es mi problema estar enamorada de ti?*

¡Excelente ejemplo de síntesis y efectividad! En otra época las necesidades de los dramaturgos eran algo diferentes a las actuales, en el sentido de la extensión de los diálogos. Eran comunes las obras de tres, cuatro o cinco actos, con más de cinco horas de duración y un reparto numeroso. Actualmente se busca trabajar los textos de manera más concisa.

---

50 José Luis Alonso de Santos. *Cuadros de amor y humor, al fresco. Una verdadera mártir.* Tomado de: https://www.celcit.org.ar/publicaciones/biblioteca-teatral-dla/.

Tarea: te recomiendo que elabores una escena lo más cercano posible a la escritura de primera intención. Es decir, no te midas en lo que vaya fluyendo. Eso sí, conserva los presupuestos hasta ahora revisados, principalmente la necesidad de acción. Un vez que hayas terminado, límpialo lo más posible, dejando lo más importante y buscando ser sintético. No sobra decir que esa labor de limpieza se deberá convertir en algo cotidiano en tu trabajo.

AVANZAR LA ACCIÓN

Hemos explicado, anteriormente, la relevancia del concepto de *acción* en el drama. Lógico es, pues, que los diálogos participen de ese factor primordial.

Cada parlamento debe cumplir una función. Es como si, en conjunto, fuera una serie de engranes que provocan que la máquina trabaje. Así, un diálogo debe revelar algo nuevo de la historia, ya sea de la situación general o de determinada característica de un personaje. Conforme *caen* los diálogos debemos sentir que la historia, sus participantes, el mundo que hemos inventado, se mueven, cambian, se modifican, se transforman, y el todo integral avanza hacia un destino que para el auditorio debe ser incierto e inquietante. A veces, y no obstante se tenga un metódico plan de trabajo, el propio escritor camina en terrenos por descubrir. Cada oración, cada frase, cada palabra, van cimentando el trayecto en dirección de la meta.

Dicho de manera burda y simplista, no puede haber parlamentos *de relleno*; todos, absolutamente todos, deben tener una razón para estar ahí.

Veamos cómo trabaja ese principio el escritor argentino Daniel Dalmaroni en un pasaje de su obra *Maté a un tipo*. [51] En una conversación de humor negro, un ensimismado marido confiesa algo terrible a su impaciente mujer.

> *Marta.- Pará, pará. ¿Vos estás hablando en serio? ¿Cómo que mataste a un tipo?*
>
> *Ernesto.- (Muy angustiado) Con las manos. Fue un desastre.*
>
> *Marta.- Bueno, dejate de joder, Ernesto, Basta. ¿Cuál es el chiste?*
>
> *Ernesto.- No hay chiste. Maté a un tipo. Si querés te cuento, para que entiendas.*
>
> *Marta.- Por favor, porque la verdad es que no entiendo cuál es la gracia.*
>
> *Ernesto.- Hoy fui al Banco. A sacar plata.*
>
> *Marta.- Me dijiste. Me dijiste que ibas a ir.*
>
> *Ernesto.- Llego al Banco y había una cola bárbara en las cajas. Entonces, me doy cuenta de que el cajero automático de afuera está vacío. Le digo al tipo que está delante de mí, que me guarde el lugar, que voy a ver si el cajero de afuera funciona.*
>
> *Marta.- (Impaciente) ¿Y?*
>
> *Ernesto.- Voy y verifico que el cajero anda lo más bien. Pero, como un boludo, en lugar de sacar plata ahí mismo, me vuelvo para el Banco, voy a la cola y le digo al tipo que*

51 Daniel Dalmaroni. *Maté a un tipo*. Tomado de: https://es.scribd.com/document/379523402/Mate-a-Un-Tipo-Daniel-Dalmaroni-Obra-de-Teatro.

«muchas gracias por cuidarme el lugar» y le explico que me voy a sacar la plata del cajero.

Marta.- ¿Intentaron robarte?

Ernesto.- No, nada que ver. *El tipo me dice que él también va a sacar la plata del cajero, que mejor no hacer la cola y salimos los dos para afuera. Resulta que el tipo entra primero que yo al cajero y se pone a sacar la plata. Me indignó. Yo había sido el de la idea, Marta. No sé qué me pasó, pero me indignó y lo agarré de la cabeza y se la partí contra el cajero automático. (Hace gestos mostrando cómo lo mató, que evidencia la torpeza del asesinato) El tipo empezó a gritar, yo le dije que se calle, que no haga un escándalo. Que no sea papelonero. Pero el tipo seguía. Sangre. Empezó a salir sangre por todos lados. De la frente del tipo. ¿Viste que la frente sangra mucho?*

Marta.- ¿Qué decís? ¿Me estás jodiendo?

Ernesto.- *Ahí me doy cuenta de que había machado todo el teclado del cajero. Ya no podía sacar la plata. Qué bronca me dio, Marta. No sabés. Lo agarré del cuello y empecé a apretar. Fuerte. El tipo se resistía. Se movía para todos lados. En un momento se calmó, se aflojó. Se le aflojó todo el cuerpo. Entonces, lo solté. Yo temblaba, no sabés. Pero, de repente, el muy turro empieza a toser, a moverse. Ahí lo agarré de nuevo del cuello y mientras apretaba, le saqué la tarjeta que tenía en la mano y como si fuera una cuchilla, le corte el cogote con el filo de la tarjeta. Empezó a salir sangre para todos lados, pero el tipo no se movió más.*

En el diálogo expuesto se nota la mano diestra del autor, que va logrando, paso a paso, que avance la acción.

Hay algunos defectos en el manejo de diálogos que puede provocarnos que la acción dramática quede estancada y nuestro trabajo pierda sentido: es frecuente que, en vez de impulsar el movimiento de nuestra historia, escribamos parlamentos con información sobre los antecedentes de nuestra historia que nosotros consideramos importante pero que, en realidad, no aporta nada a su avance, y más bien la entretiene. O que hagamos alguna plática redundante, insistente, reiterativa, quizás con el objetivo de dejar sumamente clara la situación y el resultado sea una escena floja y tediosa. O que hayamos investigado tanto sobre un tema y, por consecuencia, utilicemos los parlamentos para agotar al máximo esa serie de datos duros, algunos, incluso, sin una fundamentación dramática; el peligro podría ser escribir líneas y líneas de algo más cercano a un *ensayo* que a una obra dramática.

Tarea: sobre una determinada situación dramática que inventes para una obra corta —alrededor de quince minutos- haz una lista numerada y progresiva de división en escenas. Ten en cuenta dos cosas: a) Puedes dividir por escenas según entradas o salidas de personajes, o cambios de temas; b) Toda escena debe cumplir una función y ser indispensable-. Pon a cada escena un título que señale qué es lo que va a pasar en ella. Dialógala. Al terminar, verifica que haya habido avance de la acción.

EL MUNDO INTERNO DE LOS PERSONAJES

Insistiré que en el teatro —como en otras formas de argumentos guionísticos— conocemos a los personajes predominantemente por los parlamentos.

Una de las facetas más apasionantes de la labor del escritor es la creación de personalidades nacidas de la imaginación y que, al momento de concretarse en un escenario o un set, adquieren forma corpórea.

Construir un personaje demanda elaborar un perfil psicológico. El espectador conocerá lo que ese ser siente, quiere, anhela, odia, detesta, sueña, rechaza, oculta, muestra.

El diseño de esas personalidades debe ser coherente, completo y lo más atractivo posible; es decir, habremos de inventar individuos entrañables, definidos en carácter y temperamento. Sus complejidades deberán quedar patentes en los parlamentos, eso sí, buscando alejarse de las obviedades.

Me permito presentarte un fragmento de mi obra teatral *Beso asesino*. [52] Un hombre de sesenta y tantos años tiene una relación extramarital con una jovencita.

> *Memo.- Soy un viejo de sesenta y cuatro años. Y tú una jovencita.*
>
> *Nínive.- Somos una mujer y un hombre. Y nos queremos.*
>
> *Memo.- Eso no es cierto. No puedes estar enamorada de mí.*
>
> *Nínive.- Eso déjamelo a mí, ¿quieres?*
>
> *Memo.- ¡Tienes veinte años! Tienes un futuro. Yo ya viví suficiente.*
>
> *Nínive.- ¿Ya no me quieres? Ya no me quieres. Es eso, ¿verdad?*

---

52   Juan Sahagún. *Beso asesino*. Disponible en la biblioteca teatral virtual de Salvador Enríquez: http://noticiasteatrales.es/catalogotextos3.html.

Memo.- *Claro que no. Sólo estoy tratando de ver las cosas como son.*

Nínive.- *Yo te voy a decir cómo son las cosas. Siéntate. ¡Siéntate!*

Memo.- *No subas la voz.*

Nínive.- *No me importa. ¿Ahí está ella?*

Memo.- *No. Se quedó en casa de uno de mis hijos.*

Nínive.- *Mejor. Siéntate. (Él se sienta) Me vas a decir, para empezar, cómo es Clara.*

Memo.- *Cómo. No te entiendo.*

Nínive.- *Eso. Cómo es ella. Físicamente.*

Memo.- *No sé a dónde vas.*

Nínive.- *Diariamente, por más de... cuántos... ¿cuarenta y tantos años?*

Memo.- *(Sin entender) Qué.*

Nínive.- *Cuántos años tiene tu hijo, el mayor.*

Memo.- *Cuarenta y dos.*

Nínive.- *Por más de cuarenta años has visto, todos los días, a una mujer que cada vez es más y más vieja. ¿Me equivoco?*

Memo.- *No creo que sea la manera de...*

Nínive.- *Qué ves en las noches, cuando ella se prepara para dormir.*

Memo.- *Ya sé lo que... (Cierra los ojos).*

Nínive.- *Mírame. Ahora mírame tú a mí. (Él abre los ojos) Todas las noches, te lo aseguro, ves de reojo desvestirse a una mujer de piel arrugada como papel, colgada, de senos espantosamente caídos. De ojos hundidos, de piernas llenas de várices. Y se te acerca para darte las buenas noches con un aliento que huele a...*

Memo.- *No sigas, por favor.*

Nínive.- *Y conmigo qué tienes. (Pausa) Tienes esto.*

(Nínive se quita el vestido. Se quita el sostén).

Tarea: te recomiendo realizar una serie de diálogos en los que prevalezca el mundo interno de tus personajes. Para ello podrás basarte en el extenso cuestionario para crear perfiles de personajes.

Vayamos ahora a otro tema por lo demás apasionante: la estructura dramática.

Esquema de composición dramática

Escribir es un acto de libertad. No podría ser de otra manera. Sin embargo, como hemos mencionado, gracias al análisis de la actividad de los maestros que nos han precedido sabemos que existen ciertos puntos orientadores para que nuestra tarea resulte eficaz. En el caso concreto de la dramaturgia, ese mapa es lo que llamo *Esquema de composición dramática*.

Consiste en ciertos elementos estructurales que deben irse cumpliendo y revisando conforme se avanza en la elaboración del drama. La dramaturgia se ejerce mediante una técnica, un método. Te sugiero que asimiles estos componentes principalmente desde la lógica que implican, para que tengas un cabal entendimiento de para qué sirven.

Los dramaturgos de antaño acostumbraban a escribir sus obras en tres actos. Incluso hubo una época en que lo correcto era construir cinco. Esto obedecía a la división aristotélica de planteamiento, nudo y desenlace. De esta forma en el primer acto se trataba de los antecedentes de la historia, el segundo nos mostraba el conflicto principal y los nudos alternos, y el tercer acto se reservaba para la resolución de cada punto.

Esto es lo que nos refiere Patrice Pavis respecto a los actos:

«La distinción entre actos y el paso de uno a otro han quedado determinados de muy diversas maneras a lo largo de la historia del teatro occidental. Lo mismo ocurre con el modo de indicar el cambio de acto: intervención del coro, bajada de telón —a partir del siglo XVII—, cambio de luces u «oscuro», motivo musical, pancartas, etcétera. Ello es así porque los cortes entre actos responden a necesidades muy variadas (y ante todo, en el pasado, al cambio de las velas y de los decorados)».[53]

La vida cambia. Actualmente las exigencias del espectador son, en cierto modo, distintas. La cotidianidad de las grandes urbes nos ha convertido en seres acostumbrados al vértigo, a los hechos fragmentarios, a la reconstrucción del caos. Las necesidades económicas son otras: actualmente se recurre a las obras de dos actos, cuyo intermedio da la oportunidad de ofrecer cualquier tipo de mercancías —llegando en algunos casos al punto de ofrecer fotos con el reparto—, o los formatos de obras de corta duración —de quince a veinte minutos, con finalidades similares.

Otro factor, que para mi gusto es el más importante, resulta de la propia naturaleza del creador teatral. Los jóvenes autores, luego de conocer las reglas formales con las que trabajaron sus maestros, sienten el lógico y humano impulso de cuestionarlas y, en la mayoría de los casos, romperlas. Es ley de vida.

No obstante, a pesar de los muchos cambios que ha experimentado la dramaturgia en años recientes, los puntos metodológicos que conforman el esquema de composición han permanecido sólidos e inalterables.

Los iremos analizando uno por uno, dando algunos ejemplos que ilustren las funciones que cumplen. Independientemente de eso, es aconsejable que tú intentes detectarlos en cualquier texto dramático que leas o en tus propias composiciones.

Según el esquema clásico, en el primer acto se encuentran estos elementos: antecedentes de carácter y antecedentes de acción, división en escenas altas y bajas, incidente detonador o

---

53   Patrice Pavis. Op.cit. Página 31.

arranque de la acción, la revelación, y por último, telón u oscuro en alto o en bajo. El segundo acto estaría compuesto por escena de recuerdo, nudo, peripecia y telón en alto o en bajo. El tercer acto va a contener escena de recuerdo, posible primera solución, segunda posible solución, solución verdadera, clímax, descenso de la acción, catarsis y vuelta a la realidad.

Si lo que deseas es hacer tu obra en dos actos, o en uno, lo único que deberás hacer es eliminar alguna de las escenas de recuerdo y los telones. Ya lo especificaremos en el sitio correspondiente. Por lo pronto daremos paso a un breve tema preliminar.

ESCENAS ALTAS, ESCENAS BAJAS

Comencemos por definir lo básico:

Escena es un fragmento unificado por el tema del que se habla o trata —puede haber escenas con pura acción física—, y/o por la participación de personajes.

Si hay cambio de tema o aparece o sale un personaje, estaremos hablando de una nueva escena. En otras palabras, mediante esos dos parámetros —cambio de tema y entrada o salida de personajes— podemos establecer que una escena se define por tener significación autónoma.

Una obra o un guion de cualquier tipo están conformados por una cadena de escenas. Éstas pueden ser *altas* o *bajas*. La diferencia entre dos estos conceptos es sutil y siempre hay que tenerla en cuenta a fin de observar una cualidad literaria: el ritmo. Tanto un drama teatral como un guion destinado a otro

143

medio, deben cumplir con una mezcla adecuada de ambos tipos de pasajes.

Las llamadas escenas altas tendrán como prioridad la acción pura; en ellas *suceden cosas*, se dan hechos físicos, la anécdota se desarrolla de manera concreta. En una conversación normal, cuando uno quiere relatar una película, se remite mayormente a describir *escenas altas*.

Veamos cómo interpreta una escena alta el autor Javier Daulte en su obra *Bésame mucho*. [54]

> (*Todos —menos Philips— sacan instantáneamente sus armas y le apuntan. Todos gritan al mismo tiempo. Alonso no puede sacar su arma. La tiene dentro de la cartera y no puede abrirla, forcejea con el cierre. Cuando pueda hacerlo todo ya habrá pasado. Se oye, lejana, Bésame Mucho, en la versión de Ray Conniff*).
> Paluzzi: *¡¡NO TE MUEVAS!!*
> Costa: *¡¡TIRÁ EL ARMA!!*
> Reuter: *¡¡ATRÁS, COSTA!!*
> Yoyo: *¡¡No disparen!!*
> Hernández: *¡¡BAJÁ EL ARMA!!*
> Ingrid: *¡¡TIRÁLA!!*
> San Juan: *¡Tirála!*
> Paluzzi: *¡¡TIRÁ EL ARMA!!*
> Ingrid: *¡¡NADIE DISPARE!!*
> Yoyo: *¡¡No disparen!!*
> Hernández: *¡¡NO TE MUEVAS!!*
> Reuter: *¡¡NO, HERNÁNDEZ!!*
> Martínez: *¡¡DE RODILLAS!!*
> Paluzzi: *¡¡TIRÁ EL ARMA!!*

---

54   Javier Daulte. *Bésame mucho*. Tomado de: http://www.teatrodelpueblo.org. ar/textos_autores_contemporaneos/daulte001.htm.

(Yoyo dispara y le da a Paluzzi que cae sin vida. Reuter dispara y le da a San Juan que también cae. Revuelo).
Reuter: Hijo de puta, vení para acá.
Alonso: Alguien que llame una ambulancia.
Ingrid: ¿Está muerto? (Al teléfono) Urgente, de la 23, tenemos un dos dieciocho. ¡Urgente! (A Martínez) ¿Respira?
Costa: Hacé algo. ¡Se va, se va!
(Martínez intenta resucitara Paluzzi. Ingrid deja el teléfono. Toma el pulso de Paluzzi).
Costa: ¡Paluzzi, no!
Ingrid: ¡Se va, se va!
Costa: (Desesperada.) ¡Paluzzi!
(Philips se acerca a observar los cuerpos. Luego regresa a su escritorio. Les habla a todos en voz alta, con toda normalidad).
Philips: Bueno, bueno. Está bien. Ya está.
(Cuando los demás comprenden, «desarman» lo que estaban haciendo. Clima de distensión. Algunas risas. San Juan y Paluzzi se levantan del suelo).

La división entre escenas altas y bajas no es químicamente pura. Es frecuente que se cuele información, datos, antecedentes, dentro de un conflicto con mucha acción.

Es necesario aclarar que las denominadas *escenas bajas* son las que contienen información sobre la historia que estamos relatando, o sobre el carácter de los personajes, o bien ellos reflexionan sobre lo que ha pasado o meditan y planean sobre lo que harán.

De la misma obra del argentino Javier Daulte, *Bésame mucho*, observaremos ahora una *escena baja*:

Martínez: Lo que digo es que, aunque algún día, si alguien muere porque yo apreté el gatillo, no creo NECESARIAMENTE esa persona haya sido asesinada por mí. ¿Entendés la diferencia, entendés lo que quiero decir?

Paluzzi: Pongámonos de acuerdo ¿qué es un asesinato? ¿Estamos hablando de asesinato? Estamos hablando de asesinato ¿no?

Martínez: ¿Qué me preguntás? Sí, claro. Es de lo que estamos hablando.

Paluzzi: ¿Vos de qué estás hablando? ¿No estamos hablando de asesinato? (Ríe. A Yoyo.) Me hacés reír vos...

Martínez: No digo eso, digo, hablo del asesinato puro, del homicidio gratuito...

Costa: ¿Qué, hay diferencia entre asesinato y homicidio?

Paluzzi: Ahí está: ¿qué es un homicidio?

San Juan: Ahí hay orgullo. El número no es orgulloso, el número es modesto, virtuoso. En la suma, en la cuenta, hay vanidad.

Costa: Sí, tal cual.

Martínez: (A Paluzzi.) Yo hablo del deseo. ¿Me escuchan? ¿Hay un deseo de matar, un deseo independiente de todo? ¿Un puro matar?

Yoyo: (A Martínez.) Salí, vos ¿qué: te psicoanalizás ahora? Matar es un bajón.

Martínez: ¿Por qué me preguntás eso?

Yoyo: ¿Qué?

Martínez: No, decíme. ¿Por qué me lo decís?

Yoyo: Porque sí, porque es un bajón.

Martínez: No, lo otro.

Yoyo: ¿Lo otro qué?

Martínez: Lo otro. Lo otro que me preguntaste.

Yoyo: ¿Qué te pregunté?

Paluzzi: Esperen, esperen. Una cosa es matar porque no tengo más remedio y otra es si realmente quiero hacerlo; a eso voy. Yo estoy con un arma. Miro, apunto, ¿te miro a los *ojos o veo un cuerpo con zonas vitales a las cuales estoy apuntando?*

Como puedes detectar, en esta conversación predomina la reflexión. Sin embargo, es vital recalcar que, pese a que una escena baja contenga datos sobre la historia o los personajes, aun así la *acción* debe avanzar. Conforme se da la escena baja, conocemos más de los individuos que participan o sabemos nuevas cosas de la historia.

Tarea: te recomiendo elaborar dos escenas cortas —una cuartilla, máximo dos— mediante las cuales distingas las características de los dos tipos de escenas. Haz una escena que sea pura acción, y otra que sea pura información. Ojo: procura apegarte a la premisa de que, no obstante que escribas datos, éstos deben revelarnos cosas nuevas y no ser reiterativos.

ANTECEDENTES DE ACCIÓN Y DE CARÁCTER. EL GANCHO. EL DETONADOR

Como habíamos mencionado, de manera muy general hay dos formas de estructurar un texto dramático: la estructura aristotélica —principio, conflicto y desenlace cerrado—, y la estructura no aristotélica —alteración de esos elementos y final abierto—.

Ahora bien, ya sea que se opte por una o por otra estructura, de todas maneras el texto deberá incorporar en algún momento tanto antecedentes de carácter como de acción.

Se llama *antecedentes de carácter* a la información de uno o varios personajes y que repercute directamente en la acción dramática. Esos datos giran en torno a lo que el personaje es, físicamente de dónde viene, anímicamente cuál fue su estado anterior, qué intereses tiene, cuál o cuáles son sus defectos, y en general, toda la información indispensable para conocerlo y saber por qué su participación es vital en la trama.

Ya hemos dicho en otra parte que, como escritores, debemos crear las biografías de nuestros personajes para conocerlos cabalmente. Sin embargo, muchos de esos antecedentes nos servirán como motivos inspiradores aunque tal vez no aparezcan literalmente en la obra.

Por su parte, los antecedentes de acción son los datos que tenemos la necesidad de incorporar al texto a fin de que el espectador sepa cómo se ha originado el conflicto al que está a punto de asistir. Igualmente debemos tener la atingencia de saber qué información ponemos en boca de los personajes y que mueva la acción.

Veamos cómo se inicia la divertida farsa cómica *Mi mujer es el plomero*, de Hugo Daniel Marcos. [55] Observa los antecedentes tanto situacionales como, sobre todo, del carácter de Cobi, el atormentado protagonista, que nos da este ingenioso autor argentino:

Eti: *(Al teléfono)* «*¿Bueno? Ah, Jaime... ¿Cómo estás?... No, nada, dormía... ¿Cobi? Creo que todavía está dormido... Anoche tomó tanto... Es tan lindo... ¡No! No pasó nada... Todavía. ¡La verdad me encantó! Sí, te lo paso».* *¡Cobi! ¡Cobi! ¡Te llama Jaime por teléfono!*

---

55   Hugo Daniel Marcos. *Mi mujer es el plomero*. Tomado de la biblioteca teatral virtual de Salvador Enríquez: http://noticiasteatrales.es/mujerplomero. html.

Cobi: (*Entra Cobi con tremendo dolor de cabeza; toma el teléfono y ahí se da cuenta de ella*) ¿Daniela?

Eti: ¡Y dale con «Daniela»!

Cobi: ¿Y tú quién eres?

Eti: ¿No te acuerdas? ¡Eti! La amiga de Jaime. Anoche estuve aquí contigo. (*Él está confundido*). Pero tomaste tanto que te quedaste dormido.

Cobi: Pero, ¿qué haces aquí?

Eti: Anoche Jaime se fue a su casa, y yo acepté tu invitación.

Cobi: ¿Mi invitación?

Eti: Claro. Oye, tengo que decirte algo importante.

Cobi: Qué cosa.

Eti: Aquí entre nos este sofá no es nada cómodo. (*Al ver a Cobi sorprendido*) No te preocupes. La próxima vez, tú te duermes en el sofá y yo en la recámara. (*Lo mira coqueta*) Me voy a bañar.

Cobi: ¿La próxima? ¿Cuál «próxima»? ¿Te vas a quedar aquí?

Eti: ¡Obvio! Te lo pedí anoche. ¡Son dos o tres días nomás! Y gracias de nuevo por ofrecerme tu casa (*Se mete al baño*).

Cobi: ¿Invitación? ¿Dos o tres días? (*Se acuerda que todo el tiempo ha tenido en las manos el teléfono*) «¡Jaime…! ¿Se puede saber quién es esta mujer…? Sí, ya sé que se llama Eti… Lo que quiero saber es qué hace aquí… ¡¿Cómo que yo la invité?!... A ver: te llamé, viniste a la casa a echarte unos tragos… y de repente ¡pum!... Ya no me acuerdo de nada… ¡Y ahora ésta dice que yo la invité a quedarse en mi casa…! No, no, Jaime, te la tienes que llevar de aquí. Ya sé que hace un año que enviudé, pero igual todavía no puedo… Además me gusta alguien más… ¿Qué te importa quién es…? Se llama Lucía, es la vecina de arriba... Cómo que «arréglate solo»…». (*Se asoma Eti por el baño con una bata y una toalla en la cabeza*)

Eti: Ya que hablas con Jaime, dile que te mande un plomero. Él conoce a uno muy bueno.

Cobi: ¿Un plomero? ¿Para qué?
Eti: Porque se te rompió la cañería y el baño se está inundando.

Hugo Daniel Marcos tiene la habilidad de utilizar una llamada telefónica para darnos antecedentes de la situación general y de la personalidad de *Cobi*, quien habrá de ser el protagonista del enredo.

Inmediatamente después, y como consecuencia de la llamada, usa un diálogo coloquial para plantearnos el delicado estado emotivo de *Cobi* y las intenciones de su cálida visitante. Esos datos sirven para despertarnos la curiosidad y funcionar como el primer elemento que debemos considerar al escribir un texto dramático o un guion: el **gancho**.

Todo *gancho* implica un enigma, un misterio, una interrogante a resolver. No necesariamente debe estar entonado en el *suspense*, salvo que obviamente ese sea el objetivo primordial.

El *gancho* implica eso, un anzuelo, una incógnita, una puerta que se abre; el lector, el espectador, el auditorio, debe sentir la imperiosa urgencia de conocer, develar, despejar un misterio.

Ahora: un texto bien hilvanado posee una serie de ganchos a lo largo de su factura. Esa serie de interrogantes serán planteadas por los diferentes *nudos*, que veremos más adelante.

El *gancho* inicial puede ser una frase, un párrafo que nos atraiga, nos perturbe, nos inquiete, siempre con el objetivo de provocarnos querer seguir enterándonos de la historia. Debe ser muy fuerte, claro, sólido, y dará pauta a otro elemento, muy parecido, pero con características peculiares: el incidente *detonador*.

El incidente *detonador* implica un acontecimiento definido que sucede al principio de nuestra historia contada de forma progresiva y lineal, y que tiene como propósito iniciar el conflicto principal.

Deseo enfatizar que es conveniente que ubiques tu incidente detonador contemplando tu relato en el orden cronológico natural, pues es posible que puedas optar por colocar las piezas de tu historia de manera desordenada, y aun así, el detonante tiene la misma operatividad.

El maestro José Luis Alonso de Santos señala que existen diferentes propuestas para denominar este elemento. Así, Edward A. Wright lo llama *inciting moment*, o momento inductor; Robert McKee lo nombra *inciting incident*, o incidente inductor; Lajos Egri habla del *punto de arranque*; Doc Comparato le llama *situación desestabilizadora*; y el propio Alonso de Santos lo califica como *incidente desencadenante*. [56]

Me parece que el nombre apropiado para este elemento es el de *incidente detonador* pues, por un lado, se trata de un acontecimiento inesperado que va a afectar en el asunto central —*incide*— y, por otro lado, porque debe poseer el ingrediente explosivo para desatar el conflicto principal que permanecía en latencia —*detona*—.

Una lucha determinada puede mantenerse sin estallar, en el limbo de la imaginación, por cierto tiempo. Es como si prevaleciera un equilibrio provisorio de fuerzas. De pronto, algo genera que la estabilidad se resquebraje y el combate se dé de manera abierta. Está listo para convertirse en obra teatral o en guion de televisión, cine, radio o alguna plataforma digital. El o los protagonistas deberán alcanzar una ansiada meta, o desearán evitar un obstinado mal.

Traemos como ejemplo el simpático inicio de la comedia de la autora peruana Mariana de Althaus *En esta obra nadie llora*,[57] a fin de observar cómo se detona el conflicto. Una directora teatral y sus actrices se disponen a estrenar una obra y las cosas no se perfilan nada bien:

---

56 José Luis Alonso de Santos. Op.cit. Pág. 93 y siguientes.
57 Mariana de Althaus. *En esta obra nadie llora*. Disponible en: https://www. celcit.org.ar/publicaciones/biblioteca-teatral-dla/.

(En la platea vacía de un teatro, Marcela, la directora, está sentada en una butaca. Mira hacia el escenario, que somos nosotros, el público. A su lado está Josefa, una actriz que lleva puesto un vestuario de punk).

Marcela.- *(A alguien que está en la cabina)* Más tenue.

Josefa.- *Yo creo que tengo que llorar, Marcela.*

Marcela.- *(A la cabina)* Más. Más.

Josefa.- *Porque si no lloro, es inverosímil que después quiera suicidarme. No se va a entender mi drama.*

Marcela.- *(A la cabina)* ¡No, ya no tanto, Úrsula! No se va a ver nada.

Josefa.- *O sea, mi personaje tiene que tener un momento de quiebre...*

Marcela.- *(A la cabina)* ¡Ahí! Perfecto. Queda. Ursulita, ¿podemos poner ahora la canción del final y ver el cambio de luz con la canción?

Úrsula.- *(Off)* Ahorita.

Josefa.- *¿Tú me estás escuchando, Marcela?*

Marcela.- Mira, Josefa. Entiendo tu razonamiento, pero si lloras es demasiado melodramático para ese momento, no conmueve que llores ahí, yo necesito algo más sutil, contenido, ¿me entiendes?

Susy.- *(OFF, desde cajas)* Soy una puta. Sí, soy una puta.

Josefa.- *(A Marcela)* No.

Susy.- *(Entra, memorizando su letra)* Yo quería ser actriz, pero soy una puta...

Josefa.- ¡Aunque sea que le pegue, que grite, que haga algo, Marcela! ¡No me puedo quedar tan tranquila ante la injusticia!

Úrsula.- *(OFF, desde la cabina)* Lista, Marcela.

Susy.- *Tengo vacíos mentales, Marcela.*

Úrsula.- *Un ratito, Susy. ¡Suéltala, Úrsula!*

(Josefa, tensa, sigue sentada. Oímos la canción final de la

obra «Las mujeres no lloran». Marcela mira con atención al escenario (al público). De pronto, el disco se raya).

Hay teóricos o doctrinarios que al incidente detonador le llaman también *arranque de la acción*. Digamos, para efectos de precisión de términos, que el agente detonador provoca que la acción general de la obra se ponga en movimiento.

Las consecuencias que el elemento, agente o incidente detonante acarrea son varios: el espectador conocerá el tema y tono de la obra; dará inicio un entramado de sucesos que deberán de llegar a un punto final, cerrado o abierto; se establecerá quién o quiénes son los protagonistas y cuáles son las fuerzas antagónicas; quedará centrado el conflicto nuclear; se fijará un punto histórico que marcará un antes y un después en la obra.

Tarea: regresa a tu cuento base para la creación de tu obra o tu guion e identifica cuál es el incidente detonante de tu historia. Hazte algunas preguntas en el sentido de si cabría la posibilidad de que existiera otro detonador en tu historia; esto, con el afán de que estés muy seguro de cuál será en realidad tu arranque de la acción.

REVELACIÓN

El término *revelación* significa manifestar, evidenciar, sacar a la luz una verdad secreta u oculta.

He sugerido en diferentes oportunidades que una obra de teatro, o cualquier tipo de guion, tienen un conflicto principal que se va desencadenando en varias etapas, con intensidad progresiva, hasta desembocar en un final, abierto o cerrado.

Pues bien, a lo largo de ese arduo sendero —como si se tratara de un automóvil que va haciendo varias escalas para detenerse a cargar gasolina—, la historia se hace de su propio combustible por medio de algunas importantes *revelaciones*; empero, una de ellas será la más trascendente y estará colocada en un punto álgido de la trama, casi al llegar al clímax.

Cada revelación puede referirse a una característica de alguno de los personajes importantes o a un dato vital de la historia. La revelación central implica una información que resonará en el final, eso sí, sin que adelantemos la conclusión que daremos.

En la obra de teatro *1822, el año en que fuimos imperio*, del dramaturgo mexicano Flavio González Mello,[58] la providencial aparición del General Guadalupe Victoria aviva una lucha independentista que parecía perdida. Con este inesperado acto la revelación cumple su función en esta anécdota y el emperador Iturbide se sabe en jaque.

(Se ilumina el palco de honor del teatro, donde Iturbide habla con Santa Anna).
Iturbide.- ¿No que estaba muerto, brigadier?
Santa Anna.- ¡Su Majestad... no me explico cómo pudo sobrevivir!
Iturbide.- ¡Pues lo logró, don Antonio! ¡Y ahora reapareció tan campante, y está organizando un ejército con el que quiere

---

58   Flavio González Mello. *1822, el año en que fuimos imperio*. Ed. El milagro. 2004.

arrebatarme la corona! ¡Dicen que ya tiene reclutados dos mil hombres!

Santa Anna.- Es sólo un rumor, Majestad.

Iturbide.- ¡Un rumor lo suficientemente fuerte como para que el general Guerrero y el general Bravo hayan decidido abandonar en secreto la ciudad para sublevarse también ellos! Así que hágame el favor de ir al escenario de los acontecimientos y corroborarlo por sí mismo. ¡Y en caso de resultar cierto, más le vale detener al aparecido, porque si no, ya puede irse despidiendo del mando de su provincia, brigadier!

Santa Anna.- Hoy mismo movilizo a mis fuerzas. Si como dicen está por el rumbo de Paso de Ovejas, tenga la seguridad que en unos días se lo estoy fusilando.

Iturbide.- Hágalo, y puede considerar suyos los galones del General Victoria.

Santa Anna.- ¡Gracias, Su Majestad!

La revelación central debe cumplir con el hecho de ser una información novedosa y toral, que afecta la columna vertebral de la trama principal, y deja ver sus efectos en el desenlace. Recuerda: a lo largo de tu historia habrá varios sucesos que, quizás, tengan revelaciones importantes pero de menor intensidad.

Tarea: te recomiendo identificar en tu historia cuál es la revelación primordial. Cuando la detectes, procura que en ella haya coherencia con la lógica interna de tu argumento; esto es: evita el riesgo de hacer revelaciones descabelladas, poco creíbles e injustificadas.

TELÓN U OSCURO EN ALTO O EN BAJO

Si trabajas en una obra de dos actos, es fundamental que comprendas el siguiente concepto a analizar. Por otra parte, si decides escribir guiones para televisión o radio, es decir, historias que tengan cortes de salida a comercial, también te convendrá asimilar el tema de los telones u oscuros en alto o en bajo.

Como dijimos líneas arriba, tu trama tendrá varias revelaciones y, eso sí, la más destacada deberá de estar cerca del final de tu historia.

Previo a que llegues al entreacto, es necesario que dejes al espectador con una incógnita poderosa. Ese suspenso propositivo en el que dejarás ir al público al intermedio se da de dos maneras: con *telón* o con *oscuro*. Si el suspenso gira en torno a la anécdota que estás mostrando, será ***telón u oscuro en alto*** si el suspenso que estás creando es sobre algún dato del personaje o personajes principales —protagonistas o antagonistas— será ***telón u oscuro en bajo***.

Veamos un ejemplo de *telón* u *oscuro alto*, o perteneciente a la anécdota. En *Hoy debuta la finada*, de la argentina Patricia Zangaro, [59] un personaje de nombre Virola, criado de Pascual, está a punto de probar suerte como cantante de tangos en un programa de televisión para aficionados; además, Virola está enamorado de Rosita, hija cuarentona de Pascual.

(Virola vuelve a entonar «El día que me quieras», pero ahora, llevado por la proximidad de Rosita, se olvida de la siesta de Pascual, y canta con todos sus pulmones. Rosita empieza a reconocer la voz del cantor «secreto», a medida que éste eleva la voz, y, conmovida por la revelación, se aparta de

---

59   Patricia Zangaro. *Hoy debuta la finada*. Disponible en: https://www.celcit. org.ar/publicaciones/biblioteca-teatral-dla/.

la puerta. Por la trastienda aparece Pascual, en cami-
seta. Mira con furia a Virola y descarga su puño contra el
mostrador).

Pascual.- ¡Desconsiderado!

(Virola se vuelve, temblando. Rosita se aprieta contra la
puerta).

Virola.- *(Tartamudeando)* Estaba... cantando...

Pascual: Ladrando, querrá decir, ¡mientras yo hacía la siesta!

Virola.- Ensayaba... Mañana tengo que presentarme en el Canal...

Pascual.- Pero no va a ir.

Virola.- ¿Por qué...?

Pascual.- *(Gélido)* Si se va, no vuelve...

Virola.- Pero, don Pascual...

Pascual.- *(Volviéndose, sin escucharlo, hacia la tras-*
tienda) Tengo que descansar... ¡Pobre de usted si vuelve a despertarme!

Virola.- *(De un tirón)* Mañana voy al canal, don Pascual.

(Pascual se vuelve sorprendido).

Virola.- Es que... quiero dedicarle el tango a un ser querido...

Pascual.- *(Cada vez más sorprendido)* ¡A quién!

Virola.- A... a... *(Virola mira hacia la habitación de Rosita,*
pero calla) A... un ser querido...

Pascual.- Si usted no tiene a nadie, infeliz.

(Virola lo mira dolido).

Pascual.- Todos los días tendría que dar gracias al cielo porque lo recogí en mi casa. ¿O no se acuerda de cómo entró
por esa puerta? Un animalito parecía. ¡Hasta a bañarse
le tuve que enseñar! Y ahora me quiere abandonar por...
¡alguna atorranta!, ¡alguna ciruja de la quema, como
usted! ¡Ingrato! Años de sacrificio, sacándome el pan de
la boca para dejarlo comer en mi mesa. ¡Déjeme! ¡Váyase!
¿Quién lo va a emplear, si es un inútil? ¿Quién le va a dar
casa y comida, como yo? ¿Quién lo va a tratar como a un

*hijo, desagradecido? ¡Váyase a dormir a los caños, si es eso
lo que le gusta! Pero si se va, ¡no vuelva!, ¿escuchó? ¡No
vuelva porque no lo voy a recibir!*

Virola.- *(Cabizbajo) Está bien, don Pascual.*

Pascual.- *(Ante la respuesta sumisa de Virola, se vuelve hacia
la trastienda) ¡Lindo disgusto a la hora de la siesta!*

Virola.- *Don Pascual... mañana voy al Canal...*

(Pascual, en el colmo de la sorpresa, se vuelve enfurecido).

Pascual.- *(Temblando de ira) La culpa es mía, por andar
criando cuervos... (Vuelve hacia la trastienda, golpeándose
el pecho, melodramático) ¡Cuervos! ¡Cuervos!*

*(Rosita, que ha seguido ansiosamente la discusión entre los
hombres, comienza a golpear la puerta apenas hubo salido
Pascual).*

Rosita.- *(Profundamente conmovida) ¡Virola! ¡Virola!*

Virola.- *(Acercándose a la puerta, se abraza a los tules para
estar más próximo) Mañana me va a escuchar, ¿no, Rosita?*

(Apagón del primer acto).

En esa escena, los personajes se afianzan en sus características y lo que se complica es la situación ante la decisión de Virola
de ir a cantar al canal de televisión y, a la par, la posibilidad de
que él y Rosita estrechen su relación amorosa.

Acudamos a otro interesante ejemplo, ahora de *telón* u *oscuro
bajo*, es decir, centrado en el descubrimiento de un rasgo inesperado en el perfil de un personaje. Se trata de un fragmento
de *Tango perdido*, del argentino Mario Diament. [60] La anécdota
gira en torno a Diego, un ambicioso periodista, quien conversa
con Valeria, diva del cine venida a menos. La plática es tensa

---

60   Mario Diament. *Tango perdido*. Tomado de: https://www.celcit.org.ar/
     publicaciones/biblioteca-teatral-dla/.

pues ella, más allá de la entrevista, le pide ayuda personal para demostrarse a sí misma que no está loca.

Valeria.- *(lo besa ligeramente en la boca) ¡Qué conmovedor! Ayúdeme...*

Diego.- *¿Cómo puedo ayudarla?*

Valeria.- *Asegúreme que no he matado a nadie... Que todo esto no es más que una pesadilla de la que no termino de despertarme...*

Diego.- *Se lo aseguro.*

Valeria.- *¡No, no así! Así se les habla a los locos. ¿Cómo puede asegurarme nada? A lo mejor hay un cadáver en el dormitorio, como en 'Orquídeas ensangrentadas'... ¡Qué horror! Nunca más volveré a estar segura...*

Diego.- *Mire, puedo ir al dormitorio y fijarme... Es lo más sencillo... (Indeciso, ridículo, busca un gesto heroico.) ¿Quiere que vaya a fijarme? Digo, simplemente, para matar la duda...*

Valeria.- *¡No mencione matar! Bueno, sí, vaya, fíjese. Y también en la cocina...*

(Diego va hacia la puerta).

Valeria.- *(grita) ¡No! Espere... No vaya. ¿Qué pasa si no encuentra nada? Pensará que estoy loca... Lo escribirá... Lo publicará... Todo el mundo va a enterarse que Valeria Durand está chiflada... Loca como una cabra... Van a encerrarme en uno de esos manicomios llenos de lesbianas...*

Diego.- *Yo nunca haría nada que la perjudique.*

Valeria.- *¿De veras? ¡Qué alivio!*

Diego.- *¿Quiere que me fije o no?*

Valeria.- *Sí, vaya... ¡Dios mío, la cabeza!... Creo que va a estallarme...*

(Diego sale).

Valeria.- *(angustiada, grita en dirección de la puerta por*

159

donde ha salido Diego) Fíjese en los baños... fíjese si no hay
manchas de sangre...
Diego.- (desde adentro) Quédese tranquila, quédese tranquila...
(Valeria se deja caer melodramáticamente en el sillón,
exhausta. Hay una larga pausa. Diego reaparece).
Valeria.- ¿Y?
(Silencio de Diego).
Valeria.- (impaciente) ¿Qué pasa?
Diego.- (lívido) Hay un cadáver en el dormitorio.
(Se apagan las luces. Fin del primer acto).

El autor, de manera inteligente, nos deja una sólida duda alrededor de la personalidad de Valeria quien, al parecer, sí fue capaz de matar a alguien.

SEGUNDO ACTO. ESCENA DE RECUERDO

Este es un recurso que se aplica cada vez con menos frecuencia, pero debemos conocer. Los autores actuales optan por ser más directos y escuetos en sus historias, y evitan reiteraciones que detengan la acción.

No obstante, aunque sea una frase, puede que sea necesaria para, regresando del entreacto, recordar de qué va la obra.

Así es como lo hace, de manera breve y clara, el gran dramaturgo español José Sanchis Sinisterra en su obra *Deja el amor de lado.* [61] En el primer acto vemos que una mujer y un hombre se han visto obligados a recluirse en un chalet apartado de todo con la finalidad de escribir un guion de cine por encargo.

---

61   José Sanchis Sinisterra. *Deja el amor de lado.* Tomado de: https://www. celcit.org.ar/publicaciones/biblioteca-teatral-dla/.

El hecho provoca que recuerden ciertos eventos que los unieron y que creían superados. El segundo acto comienza con este diálogo.

> Xavier.- *No sé tú, pero yo, desde luego... es la primera vez que duermo desnudo con una mujer, también desnuda... y no pasa nada.*
> Zaida.- *(Tras una pausa) ¿No pasa nada?*
> Xavier.- *Nada de lo que, en buena lógica, tendría que haber pasado.*
> Zaida.- *¿Y por eso me odias?*
> Xavier.- *¿Quién ha dicho que te odio?*
> Zaida.- *Muy afectuoso no estás...*
> Xavier.- *¿Tendría que estarlo?*
> Zaida.- *<u>Hemos pasado cinco días juntos, trabajando sin demasiadas fricciones, hemos disfrutado, hemos pasado miedo, hemos dormido juntos una noche, sí... y ahí está el fruto de todo eso: una hermosa historia, que tal vez se convierta en una gran película.</u>*
> Xavier.- *Esa es la cosa: que yo la encuentro... hoy la encuentro mediocre.*

Me permití subrayar la oración que resume brevemente lo sucedido en el primer acto. Es importante conocer este recurso si se desea escribir televisión, series radiofónicas o cualquier otra fórmula en la que el espectador requiera que le rememoren la situación anterior. En estos medios son recurrentes las escenas de recuerdo y, al ocuparlas, hay que procurar que no sean extensas y, de inmediato, pasar de nuevo a la acción.

NUDO O CONFLICTO

Hemos afirmado que el conflicto —también conocido como *nudo*— es la contraposición o enfrentamiento entre dos fuerzas, una que se dirige hacia un objetivo, otra que se dirige en sentido diametralmente opuesto. *Conflicto*, o *nudo*, es un concepto vital en toda literatura dramática, cualquiera que sea su modalidad.

Lo primero que debes tener en mente es el conflicto que estás provocando en tu historia y con la intervención de tus protagonistas y antagonistas.

Es cierto que una historia está constituida por una serie de luchas o nudos que se presentan constantemente para alimentar la intensidad de la obra. Esos nudos o combates que llamaremos *menores* se subordinan a un conflicto mayúsculo que domina el panorama de toda la obra.

Te presento un breve pasaje de la estremecedora obra *Agnes*, de la autora francesa Catherine Anne. [62] El monólogo —Pedro dialoga con Agnes, la protagonista, sobre los abusos sexuales del padre sobre ella y su hermana— nos muestra el poderoso conflicto principal que recorre la obra de principio a fin.

> *Pedro.- Pobre de ti. Interpusiste una demanda. Después, policías, médicos, jueces... Todos esos señores te examinaron apenados. A ti, y a Francisca. Planeaban un juicio a puertas cerradas, porque eran menores de edad. Toda tu infancia fue a puertas cerradas. Con el juicio, esperabas un cambio. Tú y tu hermana ayudaron a todas las investigaciones preliminares: Instrucción judicial, peritajes médicos, incluso careos... Y lo más patético es que tu padre lo negó. Todo lo que sus hijas revelaban, él lo negaba. El día del careo, enseguida, su mirada sobre ti. Y de repente te*

---

62   Catherine Anne. *Agnes*. Trad. Boris Shoemann. Ed. El milagro. 2003.

empezaste a ahogar. Tu padre tenía el apoyo de su abogado.
Y tú, sola. Ojalá yo hubiera estado contigo. Pero estuviste
sola en medio de los hombres. Sola con tu miedo. Porque
estabas aterrorizada. Tu padre seguro lucía una sonrisa
triunfadora, mientras te despedazaba con los ojos. Tú te
aferrabas a los ojos del juez. Estrangulada, no podías ni
respirar, ni hablar, ni reflexionar. El juez te pidió que repi-
tieras tus declaraciones. Tú tenías ganas de dormir. Todos
esos hombres esperaban que tú hablaras. Al menor titubeo,
iban a triunfar, tratarían de aturdirte con sus discursos.
Tenías ganas de desmayarte... Pero lo tenías que hacer. Por
ti, y por tu hermana.

La labor del escritor en general, y del dramaturgo o guionista
en particular, es la permanente agudeza sensorial para detectar
situaciones que motiven enfrentamientos o nudos poderosos.

Es verdad que desde hace años han existido corrientes esti-
lísticas que intentan el drama sin conflicto, sin nudo, sin acción.
Ese es otro tema, pero de paso te comento que, hasta donde yo
sé, esas pretensiones no han fructificado.

Tarea: una actividad muy sencilla: lee un periódico.
Escoge la noticia que más te plazca por el conflicto
o nudo que contenga y desarrolla con él una posible obra de teatro o guion de cualquier modalidad.

PERIPECIA

Es usual que este término se aplique en relación con el protagonista, aunque como se puede inferir, también un antagonista puede sufrir una *peripecia*.

Nos dice Ana María Platas que *peripecia* es, en la tragedia griega clásica, un cambio de fortuna o estado (generalmente de suerte a desgracia) que experimenta un personaje. Un segundo significado, más amplio, es el cambio que complica la trama y le da un nuevo giro. En tercer sitio, Platas habla de *peripecias* como la serie de vicisitudes por las que pasan los personajes hasta llegar al desenlace de la acción. [63]

Por su parte, Patrice Pavis nos refiere la definición de Aristóteles: *peripecia* es un cambio súbito e imprevisto, un giro o vuelco de la acción.

Enseguida, igualmente nos da tres acepciones del término. En la primera señala que, en sentido técnico, *peripecia* es el momento en que el destino del héroe toma un rumbo inesperado.

Abunda Pavis afirmando que Aristóteles dice que es el paso de la felicidad a la desgracia y viceversa, mientras Freytag —citado por Pavis— la define como el momento trágico que a consecuencia de un acontecimiento imprevisto, aunque verosímil en el contexto de la acción anteriormente expuesta, flexiona la búsqueda del héroe en una nueva dirección.

Como una segunda acepción, Pavis nos dice que en sentido moderno, *peripecia* ya no es un concepto asociado únicamente al momento trágico de la obra, sino que designa puntos bajos y altos de la acción —viaje con muchas peripecias—, como el episodio que viene después del momento fuerte de la acción.

---

63   Ana María Platas. Op.cit. Página 626.

Finalmente, señala el investigador que hay una acepción ligada a la palabra francesa *retournement* —el *turning* inglés, el *Wendepunkt* alemán—, y se entiende como el viraje en el que la acción cambia de dirección cuando un súbito golpe teatral modifica la apariencia de las cosas y hace que el personaje interesante pase de la desgracia a la prosperidad o viceversa, según Jean-François Marmontel. [64]

Así pues, podemos concluir que *peripecia* significa un cambio, un vuelco, un giro inesperado tanto en la situación de alguno de los personajes principales como en la acción principal.

Cuando nuestra historia se va perfilando hacia un tentativo desenlace, de pronto algo o alguien hace que la situación experimente un súbito cambio y ahora todo derive por terrenos inesperados.

Es verdad, a lo largo de tu texto puede haber diversas peripecias, pero siempre deberá de existir una especial, intensa y que marca la nueva ruta de la trama.

En la obra de Marcel Sawchik *El cordero y el mar*, [65] tres viajantes de un barco conspiran para resolver a quién deben sacrificar a fin de expiar sus culpas; la decisión constituye un viraje sorpresivo:

Margot.- Es Marlene.
Pedro.- ¿Cómo? ¿Cómo?
Justo.- Ella...es como un... (Margot lo calla con un gesto. A Pedro). No más lágrimas. Lo hecho, hecho está, Pedro; y lo dicho, dicho está. No se puede volver atrás...
Margot.- No es como nosotros. Todos somos Pedro; eso es lo

---

64   Patrice Pavis. Op.cit. Página 334.
65   Marcel Sawchik. *El cordero y el mar*. Disponible en: https://dramaturgiauruguaya.uy/el-cordero-y-el-mar/.

que más me molesta de él; verme. Marlene va a contar todo lo de las cajas cuando llegue a Francia.

Justo.- (A Pedro). Pero siempre se puede empezar una vida nueva... Justo puede desaparecer y con él todo lo que vio, nadie se enteraría de lo que pasó aquella tarde de noviembre ¿Entiende, Pedro? (A Margot). ¿Está decidida?

Margot.- Sí. Dejó de soñar; le perdió el miedo a la muerte.

Pedro.- Si pudiera matarme; pero no puedo.

Justo.- (A Margot). La envidio.

Margot.- ¿Entonces; que hacemos?

Justo.- No más lágrimas. Lo hecho, hecho está, Margot y lo dicho, dicho está. No se puede volver atrás. Aquí está Pedro que se va a encargar de todo.

Margot.- No quiero enterarme.

Pedro.- ¿Qué tengo que hacer?

Justo.- Es Marlene. Va a contar lo de las cajas cuando llegue a Francia. Ella es el cordero.

Pedro.- No, no voy a poder. No voy a poder, yo no soy un ases...

Justo.- No hay alternativa; Pedro.

Pedro.- No sabría cómo hacerlo.

Justo.- El chef tiene una cuchilla grande que no la usa más que para picar un poco de apio; pídasela. Él va a entender todo. Esto es entre nosotros dos y Margot. Nadie puede enterarse.

Como podrás observar de las definiciones aportadas, la *peripecia* es un elemento clave para alimentar la expectativa del auditorio y hay que saber manejar esos virajes en las rutas tanto de personajes como de historias principales y líneas secundarias.

Tarea: te sugiero que escribas un diálogo breve, de una o dos cuartillas. Procura crear, ya sea para la historia en general, o para alguno de los personajes centrales, un cambio, una peripecia clara y determinante que tenga los ingredientes de ser inesperada pero coherente con tu historia.

CLÍMAX

Todo conflicto principal debe llegar a un punto extremo. Como autor debes hacer estallar en el momento justo la dinamita que has estado colocando en los sitios clave del edificio de tu historia. El sitial más elevado de tu nudo o conflicto principal es el llamado *clímax*.

Con relativa frecuencia acudimos al teatro a ver obras que navegan por aguas tibias. Son textos inodoros e incoloros que no explotan sus propios alcances. Una vez que hemos creado una situación conflictiva... hay que llevarla hasta sus últimas consecuencias.

En *Landrú, asesino de mujeres*, del argentino Roberto Perinelli, [66] asistimos al clímax de la trama cuando el criminal tiene una cita con Marta, una sargento que se ofrece de carnada para atraparlo. Empero, al estar frente a Landrú, ella se percata de que, en verdad, es más peligroso de lo que imaginaba.

(Landrú la sigue mirando. Marta sigue cubierta).

---

66   Roberto Perinelli. *Landrú, asesino de mujeres*. Tomado de: https://www. celcit.org.ar/publicaciones/biblioteca-teatral-dla/.

Sargento.- Mirada de macho en celo. Eso es lo que pasa. Una siente que la desnudan. ¡Quieto!

Landrú.- No moví un dedo, sargento.

Sargento.- ¡Baje la mirada! ¡Eso es lo que le estoy ordenando!

(Landrú baja la mirada. Marta se descubre. Ríe).

Sargento.- ¿Y ahora, Landrú? Lo dejé sin uñas. Qué podría hacer ahora. De qué modo se le ocurre avanzar ¡Le prohíbo mirarme! ¡No cuenta con sus ojos, ese instrumento feroz! ¿Qué haría?

Landrú.- Tomaría por un atajo.

Sargento.- Hummm. Imposible. Yo estaría alerta. No le permitiría que...

(Landrú pega un salto. La abraza).

Sargento.- Le pego un tiro, señor Landrú. ¡Suélteme! Fíjese que puedo matarlo.

(Landrú le quita el arma).

Sargento.- ¡Pido auxilio! Llamo a...

Landrú.- ¿Pido música?

Sargento.- No sé bailar, señor Landrú. Una molestia inútil. Un fastidio. Yo no... Nunca...

Landrú.- Ahí tenemos la orquesta esperando (señala).

Sargento.- (mira) Todos negros, Landrú. Gente de color.

Landrú.- Conocen mis gustos. A una seña mía tocarán un blues.

Sargento.- ¿Qué vendría a ser eso?

Landrú.- Una música quejumbrosa, que parece pegarse al cuerpo, como sábanas de seda sobre pieles transpiradas, señora.

(Una seña de Landrú. Música. «Triste mariposa». Bailan).

Sargento.- Con cuidado, señor Landrú. Temo pisarlo. Sus zapatos brillan como dos espejos y yo...

Landrú.- ¿Pido el champagne?

Sargento.- Lo espera la cárcel, Landrú.

Landrú: Ninguna novedad. Lo sé.

Sargento.- Y una condena muy severa. Perpetua. Tal vez la pena de muerte. La horca, Landrú. La guillotina, el garrote vil. Déjeme que lo ayude a escaparse por los techos. Sólo hace falta encontrar una ventana por donde salir. Yo...

Landrú.- ¡Alvarez! (otra seña) ¡Champagne!

Alvarez.- (su voz) ¡Un champagne bien frapé! ¡Para la mesa del señor Garaudy!

(Landrú besa a Marta).

Sargento.- ¡Me besó! ¡Usted acaba de besarme, Landrú! Me...

Landrú.- Acostumbro a apagar los incendios con querosene, señora. Un hábito que tengo y que no me puedo quitar de encima.

Sargento.- Conmigo sólo necesitaría un fósforo, Landrú. Un fosforito. Me quemaría viva, como una rama seca. Las llamas se harían grandes, enormes, como... ¡Estoy dispuesta a ayudarlo, Landrú! ¡Usted merece seguir viviendo!

(La sargento se libera del abrazo. Corre hacia fuera).

Sargento: ¡No, no, este hombre no es Landrú! ¡Fracasamos! ¡Fracasamos! ¡Otra vez! ¡Una equivocación! ¡Este hombre no es Landrú! ¡Este hombre es...!

(Disparos).

En el clímax debemos agotar hasta la última posibilidad que nos brinda el conflicto principal. Los límites no deben traducirse forzosamente en escenas de violencia física o acciones espectaculares. Podrían ser así, si de esa manera hemos diseñado el nudo esencial. Pero también un clímax se puede dar en extremas tensiones psicológicas, en intensos debates interiores de los personajes, si ese es el estilo en el que se ha desarrollado nuestra historia.

Tarea: te recomiendo que revises la historia que has estado trabajando e identifiques si el clímax que propones efectivamente llega hasta sus últimos límites en el final. Recuerda que bien podría ser un estallido externo, físico, o bien podría ser un clímax interno, psicológico.

POSIBLES SOLUCIONES

Estamos a punto de arribar a buen puerto. Tu obra o tu guion ha capturado al público, que decididamente ha tomado partido y desea con todas sus fuerzas que el desenlace sea como ellos quieren. Si en todas las anteriores fases has tenido que aplicar tus habilidades, en este punto de tu labor deberás hacer acopio de la mayor inteligencia posible.

El auditorio siempre intentará adelantarse al final de la obra, imaginarse cuál será la manera en que acabarán las cosas; en un ejercicio mental vertiginoso recopilará la suficiente información que ha recibido sobre personajes y situaciones y vislumbrará la conclusión. *Ya sé en qué va a acabar, por lógica*, piensa el espectador para sus adentros. Y posiblemente no le falte razón.

Pero como tú ya has trabajado suficientemente en tu historia, sabes que esa solución, un tanto obvia, no te conviene. Es más: como si fueras un astuto estratega, desechas la solución fácil y avizoras otra u otras soluciones posibles al entramado que has creado. Así será la forma ideal para dar con la conclusión más eficaz para tu historia.

Si en verdad tiene su complejidad crear una buena historia, si el asunto reclama de nuestras más depuradas destrezas para imprimir un alto grado de tensión e intensidad en su desarrollo, dar con el mejor final es un reto mayúsculo.

Muchas veces inventamos una trama sabiendo de antemano el final. De hecho es una técnica creativa que eligen un alto número de escritores: imaginan un final contundente y *crean* cada uno de los pasos que los llevó a ese sitio postrero.

Pero no siempre se trabaja así. Como dijimos, escribir es un acto de libertad, así que una anécdota nos puede venir de pronto, seduciéndonos por su intrincada conflictiva... pero no sabemos en qué va a acabar. Es importante esforzarnos lo más posible por hallar el óptimo cierre, pues nada defrauda tanto a un espectador —y por supuesto al propio creador— como una historia mal finalizada.

Por supuesto que no existe una receta para escribir un buen final —nada de lo que hemos presentado hasta este momento es un recetario, sino sólo herramientas que pueden optimizar tu trabajo como dramaturgo o guionista—. Lo que sí podemos afirmar es que, de forma muy general, existen dos tipos de finales: **cerrado** o **abierto**.

El final cerrado requiere contundencia, lógica, coherencia e inevitabilidad. *Tiene que ser* y no puede ser de otra manera. Eso sí, basado en las premisas dichas con anterioridad, es ideal que sea sorpresivo.

El final abierto debe ser correctamente evaluado. Es conveniente no dar la sensación de que el autor optó por esa clase de cierre porque se quiso *zafar de la papa caliente*. Lo adecuado es que el auditorio sienta que fue la decisión más inteligente y artística.

Veamos el final del perverso diálogo entre una madre y una hija en *Las Ubarry*, del sinaloense Óscar Liera. [67] La hija, estéril, prepara a su madre —de setenta y dos años— para que salga a

---

67   Óscar Liera. *Las Ubarry*. Disponible en: https://www.oscarliera.com/obra.

buscar a un hombre, cualquiera, para que la embarace y así continuar su estirpe.

Madre.- *¡No saldré a hacer el ridículo! No saldré, los hombres se ríen de mí. Se ve muy claro que es a ti a quien ellos prefieren. A mí ni siquiera me miran, me gritan suegra, madrota...*

Hija.- *No pronuncies esas palabrotas de placeros.*

Madre.- *Es que no puedo continuar con este ridículo, ¿No entiendes que ellos prefieren una joven? Quieren una mujer que les abra las piernas, y ellos solo miran las tuyas.*

Hija.- *¡Pero yo estoy seca! ¡Yo no sirvo para eso! ¡Solo puedo ser puta, solo podré ser eso!*

Madre.- *Es que yo ya estoy muy vieja.*

Hija.- *No, hermana, tienes apenas treinta y tres años, no lo olvides, treinta y tres años. Recuérdalo.*

Madre.- *No sé si aún seré fértil.*

Hija.- *No te importe; tú inténtalo. Tienes que intentarlo con todos los machos que puedas. (Busca un tono dulce) Ahora tienes el vestido amarillo. (Lo recoge y se lo da, con la misma ternura de antes, a la madre, esta lo toma y comienza a meterse en él con suavidad mientras la hija le habla) El de la suerte, el de la reconciliación con la naturaleza. Para los demás será solo un vestido nuevo con sus flores blancas, entre tu talle más que nunca fértil, Y te verán los machos con sus simientes guardadas, te verán como el día de la fiesta familiar cuando te convertiste en la esencia de la belleza y volaban tus cabellos, y volaban tus manos por el viento. Y todos te desearán y tendrán que hacerte concebir un hijo, y allí estará nuestra felicidad, cuando entren en ti y depositen con desespero las semillas, cuando tus óvulos se impregnen de células masculinas. ¡Es muy sencillo volver a ser felices! ¿Ves? Es muy sencillo. ¡Qué hermosa estás, qué hermosa! (Transición) Es tarde, tenemos que irnos.*

Recuerda: tiene que ser un hombre joven, y le pedirás que acaricie con amor tu vientre, se lo pedirás porque tienes que eternizar la estirpe de los Ubarry y porque tenemos derecho a la paz.

(Las dos mujeres van saliendo por entre el público viendo a los hombres que han asistido a la representación y tratando de que se fijen en la madre, quien se verá ridícula con el maquillaje y el vestido que lleva. Todo es en silencio, silencio como la condena a la que han sido entregadas. Fin).

Pareciera como si el patetismo de las dos mujeres se eternizara en una salida del escenario que, quizás, se repitiera una y otra vez. Como se ha llevado el diálogo —te recomiendo que leas la obra de Liera completa—, la forma de cierre elegida es la ideal.

Ahora, te invito a ver un breve ejemplo de final abierto. Se trata del epílogo de la obra del peruano Gino Luque Bedregal *Aeropuerto*, [68] diversas historias que se entrecruzan precisamente en un puerto aéreo y siempre latente la posibilidad de un atentado de una mano anónima:

Epílogo

Sala de espera de un aeropuerto. Ocupando el espacio de manera desordenada, se encuentra una familia bastante numerosa. Algunos de sus integrantes están sentados en las bancas, otros están echados en el piso, otros deambulan por el lugar, etc. Lo importante es que nadie está quieto o sin hacer nada, sino que su presencia genera un efecto de desorden y alboroto, como consecuencia de la incontenible

68   Gino Luque Bedregal. *Aeropuerto*. Tomado de: https://www.celcit.org.ar/publicaciones/biblioteca-teatral-dla/.

emoción por la situación del viaje. Sus también numerosas maletas y aparatosos paquetes, entre los cuales puede haber un equipo de esquí o un enorme lienzo envuelto en telas para protegerlo, están dispersos por toda el área. Uno de los miembros de la familia, quizá el hijo adolescente, va grabando con una videocámara toda la experiencia. De pronto, deciden tomarse una fotografía para inmortalizar el instante. El hijo que manipula la cámara la coloca en un improvisado trípode y conecta el disparador automático. Todos posan con ridícula alegría y congelan el gesto, lo cual torna más ridícula aún su alegría. Sin embargo, la torpeza del muchacho o su desconocimiento del manual de instrucciones tienen como resultado que la fotografía no se logre tomar. Se percatan de ello cuando ya los músculos de sus rostros tiemblan acalambrados por la prolongada sonrisa que han pretendido mantener durante todo este tiempo. Vuelven a intentarlo y fracasan nuevamente. Realizan un tercer intento.

Voz en off.- Última llamada. Pasajeros del vuelo IB 3759 con destino a Barcelona, por favor, abordar por la puerta número siete. Last call. Passengers of the flight IB 3759 to Barcelona, please, board by the gate number seven.

En ese instante, se desata el caos absoluto entre la familia. Se dispara la cámara y la fotografía captura ese momento. Torpemente se reúnen y cogen de forma atropellada sus cosas. Las ponen como sea en los carritos portaequipajes y salen corriendo. El hijo adolescente, que no ha dejado de registrar en su cámara toda la situación, se va caminando de espaldas para no interrumpir en ningún momento su grabación. Su entusiasmo no disminuye a pesar de que es incapaz de sortear todos los obstáculos que salen a su paso y debe hacer malabares para no tropezar.

174

Dejan olvidada una maleta de color naranja. El escenario queda vacío y en absoluta calma con la maleta de color naranja al centro. La imagen permanece congelada un tiempo. Apagón.

Tarea: una enriquecedora actividad para el tema que estamos tocando sería elaborar un par de diálogos, de dos o tres cuartillas, uno de ellos con final cerrado y otro con final abierto. Procura que ambos finales estén plenamente justificados.

EPÍLOGO O DESCENSO DE LA ACCIÓN PRINCIPAL

Algunos textos dramáticos requieren, luego del final propiamente dicho, una escena posterior que baje la tensión y recapitule lo acontecido. Esa es la función del epílogo.

No todas las obras lo necesitan; únicamente aquellas en las que el autor considera que debe poner en boca de los personajes algún tipo de reflexión, resumen o conclusión de lo vivido durante los sucesos presentados, o bien un atisbo de lo que habrá de suceder.

Víctor Hugo Rascón Banda fue un dramaturgo mexicano que manejó una notable técnica. Ésta es la escena postrera de su obra *La isla de la pasión,* [69] que narra a su manera los hechos alrededor del controvertido atolón Clipperton, que perdiera México en favor de Francia.

---

69   Víctor Hugo Rascón Banda. *La isla de la pasión.* Catálogo SOGEM. 2018.

(Epílogo)

Escena XXVII.- De cómo México perdió la isla de la pasión en un laudo arbitral injusto y de cómo fueron los últimos días de los sobrevivientes.

(Aparecen Alicia, Tirza, Altagracia y Ramón-Niño en el Juzgado de Salina Cruz. A cierta distancia los observa Ramón-Viejo).

Alicia: Después de varios meses fuimos liberadas. Pudimos probar que obramos en legítima defensa.

Altagracia: Yo me fui a vivir a Acapulco. Allá me encontré a Gustavo Schultz, el alemán. Ya se había separado de Daría Pinzón. Me casé con él.

Tirza: Volví al norte. No encontré a nadie. Ni conocidos, ni parientes, ni nada. La bola los había desperdigado. Me fui a California a volver a empezar. A rehacer mi vida. Fue imposible.

Alicia: A nombre de las viudas de los soldados y de sus hijos pedí una entrevista al Presidente Carranza.

Ramón Niño: No nos quería recibir, pero mi mamá es muy terca y logramos verlo. Era un hombre de barbas blancas y anteojos de arillos.

Alicia: Le pedí un reconocimiento para los soldados muertos en cumplimiento de su deber y una pensión para sus viudas y sus huérfanos.

Ramón Niño: El Presidente nos dijo que no, que los soldados habían servido al dictador Porfirio Díaz y que eran enemigos del Ejército de la Revolución.

Alicia: Yo protesté. Le dije que sólo había una Patria y que ésta, allá en la Isla, había sido defendida por los muertos.

Ramón Niño: Hablé claro, dijo el Presidente. Si son federales, eran enemigos. Mi gobierno es revolucionario.

Alicia: Así pagaba el país, la Nación, el sacrificio de mi esposo y de sus soldados.

(Fin).

Mediante esta escena anexa asistimos a la desilusión de los personajes por el abandono en que los dejó el gobierno de la revolución. Si durante los sucesos presentados en el cuerpo de la obra vimos las tribulaciones que un grupo de mujeres y niños experimentaron en la isla a manos de un personaje cruel, inhumano y enloquecido, por medio del epílogo nos enteramos de una escena posterior a la que no asistimos y en la que el gobierno de Carranza termina por darles la espalda, tanto a las mujeres que habitaron la isla como a los soldados que defendieron el último territorio que perdió el país.

Hasta aquí la enumeración de los elementos que conforman el esquema de composición dramática.

Como seguramente habrás advertido, mi intención ha sido mostrarte que, para desarrollar una técnica literaria adecuada, en primer término es conveniente conocer los fundamentos del cuento, para posteriormente adentrarse en el manejo de los diferentes tipos de diálogo y enseguida aprender, uno a uno, los elementos que configuran la composición dramática.

A mi parecer, ese es uno de los mejores caminos para escribir teatro o, en general, guiones audiovisuales.

Finalmente te comentaré que un texto dramático es una unidad compuesta por una diversidad de partes que se interrelacionan, y si tú modificas o alteras uno de sus engranajes, toda la maquinaria adquiere una forma distinta. Es natural. Técnica es dominio, control de los elementos, pericia en el manejo de los componentes. Y el cometido de estas líneas es apoyarte lo más posible en el desarrollo de tu destreza como escritor. Por ello, te recuerdo que es indispensable que hagas dos tipos de trabajo:

1.- Haz el cuento que sea la base de tu obra de teatro. En cuanto tengas tu relato primordial —atendiendo a los elementos del cuento que dimos en el capítulo correspondiente— observa uno a uno los factores del esquema de composición que deben integrar tu texto dramático.

2.- Si haces los ejercicios que te he estado recomendando, desarrollarás habilidades enfocadas al aspecto específico que trabajes en la tarea en cuestión. Procura finalizar cada ejercicio y guardarlos todos. En algún momento te podrán ser de utilidad, ya sea para crear una obra nueva o para usar ese material en tu trabajo principal.

Una última recomendación: en cuanto tengas tus ejercicios dialogados, o tengas algún avance de tu obra de teatro, procura involucrar a un grupo de amigos y lee con ellos tu trabajo repartiendo los personajes. De esta manera podrás comprobar la redondez de tus escenas, pues no hay nada mejor que escuchar las voces de tus creaciones.

Si caminar en los territorios del cuento es la base para escribir teatro, a su vez la dramaturgia es la piedra angular para la realización de guiones de televisión. Te invito a que juntos nos introduzcamos en ese apasionante oficio.

Enciende la tele

Nadie puede negar el enorme grado de penetración social que continúa teniendo la televisión. Es el medio de comunicación masiva por excelencia. Con el advenimiento de nuevas formas tecnológicas, se ha puesto en duda su supervivencia, pero como afirma Carmen Rodríguez Fuentes, «la televisión ha ido evolucionando hasta el punto de que algunos autores aseguran que se ha producido su fallecimiento. Sin embargo, con la expansión de las nuevas tecnologías digitales, la televisión está más viva que nunca. Sus contenidos son los mismos que invaden Internet, las instituciones siguen su misma onda, y es más: la televisión tiene una nueva forma de interactuar con el usuario. Estamos hablando de la «sociedad de la ubicuidad». [70]

No obstante haber navegado durante décadas contra viento y marea, la televisión sigue ahí, ofreciéndonos espacios de creatividad, particularmente en el área de ficción, que es el tema que aquí nos atañe.

Desde sus orígenes la TV fue concebida como un medio sustentado en la comercialización de sus producciones. Es la lucha cotidiana por las audiencias y por incrementar los espacios

---

70   Carmen Rodríguez Fuentes. *Televisión en Internet*. Revista Icono 14. Revista de comunicación y tecnología. 2010. Página 114.

publicitarios. Si el teatro ha peleado por sobrevivir, la televisión es una arena en la que se combate por capturar al espectador. Y si en el teatro —como en el cine— el asistente paga un boleto por estar dispuesto a ver una obra a lo largo de dos horas, la pantalla televisiva procura enganchar al público cada segundo pues, a la menor distracción, la mano del telespectador acude al instrumento más determinante y categórico de este medio audiovisual: *el control remoto*.

En cada televisión hay un ejército de especialistas que dedican esfuerzos y conocimientos para sostener e incrementar el famoso *rating*. Para ello se planea una diversidad de componentes que conforman las barras de programación. A grandes rasgos, las emisiones abarcan programas informativos —desde *flashes* hasta noticieros en horario estelar—, ediciones especiales —eventos deportivos, políticos, etc—, programas de opinión y debate, entrevistas a personajes relevantes, documentales, musicales, educativos, cine, entretenimiento —programas de variedades—, *talk-shows*, *reality-shows*, ficción —series, telenovelas...

Así, la programación de TV es un producto integral hecho de un mosaico de programas y publicidad. El programador es el responsable de diseñar la parrilla de emisiones según los horarios y los hábitos de consumo de las audiencias. Por ejemplo, se entiende por *prime time* el periodo del día en que más gente se reúne frente a la televisión. Los programas más importantes serán colocados en ese horario.

Con el llamado *streaming* —o retransmisión, o descarga continua—, el espectador tiene la facultad de ver su programa a la hora que más le convenga; ese fenómeno tecnológico de distribución digital cambió las estrategias de oferta de las televisiones y, como consecuencia, el modo de hacer publicidad.

Dentro del surtido rico que constituye la programación, como elemento relevante, se encuentran —como ya hemos apuntado— las producciones de ficción: **telenovelas** y **teleseries**.

Antes de hablar de ellos, te habré de mencionar algunos términos relativos a la medición de la audiencia que tienes que conocer, si tu objetivo es ingresar al medio televisivo. Esto es lo que nos informa la empresa brasileña-británica Nielsen IBOPE:

«El *rating* es la medida del consumo de un programa de TV o de radio, de un bloque horario, de una tanda publicitaria o de un medio de comunicación, teniendo en cuenta un *target* (o público objetivo).

Rating es un indicador básico de audiencia que relaciona la cantidad de audiencia ya sean personas u hogares con el tiempo de exposición al medio. En la medición de audiencia de televisión el *rating* expresa la población promedio que mira un programa o un canal durante cada minuto de su emisión.

(...)

Reach —alcance, penetración, cobertura- es la audiencia neta de un medio o de un programa siempre teniendo en cuenta un target determinado. Este indicador permite conocer la cantidad de personas diferentes que estuvieron expuestas a un medio o un programa durante el período de tiempo observado. (...) En la medición de audiencia de televisión, «reach» es la proporción de televidentes (hogares o personas del *target* que estemos analizando) que miró al menos un minuto dentro del período de tiempo de referencia.

(...)

El *share* es la proporción del consumo de un programa de TV o radio, emisora de radio o canal de TV en relación con el consumo total del medio (encendido). (...) El *share* indica qué porcentaje de participación tiene cada canal o emisora de radio con respecto al Encendido Total en un momento determinado. Por consiguiente, el *share* permite la comparación entre competidores. La suma del *share* de cada canal o emisora de radio considerados con respecto al encendido siempre da 100%. El *share* no brinda información sobre la dimensión de la audiencia de un programa, un canal o una radio, ya que solamente informa la proporción de dicha audiencia con respecto al consumo total del medio (encendido).

Target es público objetivo que se analiza. Cuando se realiza una evaluación de pauta publicitaria el *target* es el público objetivo al cual está dirigida la comunicación publicitaria. Cobertura es el porcentaje del *target* contactado al menos una vez en un programa o período determinado. Es la audiencia neta expresada como porcentaje del universo que se analiza. La cobertura no tiene en cuenta las duplicaciones. El *target* se puede segmentar por variables tales como sexo, edad, nivel socio económico y zona geográfica. [71]

Te propondré abordar los diferentes géneros televisivos con el objetivo de que conozcas la amplitud de opciones que tienes para elaborar proyectos. Caminaremos de la mano, sobre todo, del excelente trabajo de Inmaculada Gordillo y su equipo de investigadores de *Análisis de Medios, Imágenes y Relatos Audiovisuales*, ADMIRA. [72] Antes, una breve acotación:

La producción de programas es un flujo constante, interminable. En particular, en las últimas décadas la realización de series de ficción ha pasado, de ser una labor que se hacía con relativa frecuencia, a convertirse en una actividad permanente, dinámica y altamente especializada.

El hecho de que series y telenovelas se hayan constituido en uno de los pilares de la barra de programación de una televisión ha provocado, en tiempos recientes, toda una revolución en la manera de hacer televisión ficcional.

Transcribo unas líneas del extensamente documentado libro de Brett Martin y que en el prólogo refiere la irrupción de la

---

71 Información tomada el 29/01/2018 de http://www.ibope.com.ar/ibope/wp/wp-content/uploads/2011/10/Glosario-de-Indicadores-de-Audiencia-Monitoreo-y-Evaluacion-de-Pautas.pdf.

72 Inmaculada Gordillo. *La hipertelevisión: géneros y formatos*. Editado por Intiyan. Ediciones CIESPAL. 2009.

serie *Los Soprano*: «Al poco tiempo, la programación se llenó de Tonys Soprano. Al cabo de tres meses, un calvo, bajo, fornido y lleno de defectos, aunque carismático jefe —en esta ocasión de un grupo de policías corruptos en lugar de mafiosos— hizo su primera aparición en *The Shield*, en la cadena FX. Tan solo unos meses después, en *The Wire*, a los espectadores se les presentó una serie de ciudadanos de Baltimore entre los que se incluía un oficial de policía narcisista y alcohólico, un implacable capo de la droga y un atracador homicida gay. HBO había seguido la estela del éxito de *Los Soprano* con *Six Feet Under*, una serie sobre la funeraria regentada por una familia, llena de personajes tal vez menos sociópatas que otros moradores de la televisión por cable, pero que podían resultar igualmente desagradables. Entre bastidores, acechaban criaturas como Al Swearengen, de *Deadwood*, el personaje más cretino jamás aparecido en la televisión —y mucho menos en el papel del protagonista— y Tommy Gavin de *Rescue Me*, un bombero alcohólico y autodestructivo que lucha sin éxito contra los fantasmas del 11-S. (…) Se trataba de personajes a los cuales, en su día, la opinión pública norteamericana nunca habría permitido instalarse en su sala de estar: infelices, moralmente cuestionables, complicados, profundamente humanos. Esos personajes ficticios jugaban un juego seductor con el telespectador, permitiéndole que se atreviera a implicarse emocionalmente, e incluso a apoyar, o incluso a amar, a una serie de delincuentes cuyos delitos iban desde el adulterio o la poligamia (*Mad Men* y *Big Love*) hasta el vampirismo y los asesinatos en serie (*True Blood* y *Dexter*)».[73]

Inmaculada Gordillo llama a esta clase de innovaciones fic-

---

73   Brett Martin. Trad. Jorge Paredes. *Hombres fuera de serie*. Editorial Ariel. 2014. Páginas 17-18.

cionales un *hipergénero* que ofrece diversos subgéneros y formatos».[74]

He de decirte que los programas ficcionales —como en general toda la programación televisiva— se basan en dos factores primordiales y que hay que tener en cuenta a la hora de escribir: la fragmentación y la serialidad.

La fragmentación es un fenómeno ocasionado por las necesidades de interrupciones a causa, ya sea de la publicidad, o de la necesidad de dar paso a programas para otro segmento de espectadores. Todo programa de televisión es incompleto, interrumpido, contemplado mediante cortes. Esto, al decir de las profesoras de la Universidad Carlos III de Madrid, Elena Galán y Begoña Herrero, determina «ciertas convenciones en la estructura narrativa». Además, «la lucha por las audiencias fomenta una cierta homogeneización en los contenidos. Si algo funciona, se copia y se repite hasta la saciedad; si algo funciona, se alarga eternamente hasta la extenuación».[75] Pero esos programas se combinan para formar un mosaico que abarque al mayor número de telespectadores.

La serialidad es fundamental para entender los modos especializados de producción —guionismo incluido— de la televisión contemporánea.

Umberto Eco, por otro lado, relaciona la serialidad con la cultura de masas, destacando dos elementos clave: la repetición y la innovación.[76]

Se ha dicho innumerables veces que el ser humano tiene avidez de escuchar siempre los mismos cuentos. Así, la televisión recurre a la repetición de fórmulas que han de convertirse en esquemas habituales y fácilmente digeribles. La originalidad

---

74   Inmaculada Gordillo. Op.Cit. Página 100.
75   Elena Galán, Begoña Herrero. *El guion de ficción en televisión*. Editorial Síntesis. 2011. Pág. 16.
76   Citado por Inmaculada Gordillo. Op.cit. Pág. 103.

de un nuevo elemento deberá ser solo aparente: en realidad se debe tratar de un conocido elemento condimentado de manera diferente.

Por esos motivos, las telenovelas y las series estarán construidas por patrones fijos que les dan el sello particular a sendos géneros y que buscarán, indefectiblemente, enganchar al auditorio en una extensa cadena hecha con base en eslabones; cada parte, cada capítulo, cada segmento, conforma lo que llamamos *la serialidad*.

Inmaculada Gordillo nos propone una tipología de programas seriados ficcionales dentro de lo que ella denomina la *hipertelevisión*. La clasificación es muy útil, insisto, para que ubiques dónde te gustaría colocar tu proyecto.

En primer lugar hace una división entre los comprendidos dentro de los modelos de producción y programación plenamente consolidados a lo largo de muchos años, y los que en años recientes se han ido colocando en la palestra. Entre los fuertemente establecidos están los *sitcoms* y las telenovelas. Veamos el *sitcom* y sus variantes.

EL *SITCOM*

El término se compone de las palabras *situation comedy*. Regularmente está diseñado en capítulos de media hora, aunque en años recientes han proliferado los *sitcoms* de una hora. —Hay que recordar que cuando se habla de media hora se calcula aproximadamente de 22 a 24 minutos, y los de una hora serían de 45 a 50 minutos, a efectos de, si es el objetivo, dar oportunidad a los cortes publicitarios—. El número de capítulos varía según las temporadas, pero suelen ser de dieciséis capítulos.

El nombre *sitcom* se ha extendido lo suficiente como para hacernos olvidar que en el origen está el subgénero teatral de la *comedia de situaciones*.

Las ventajas que tiene en cuanto a producción televisiva es que requiere de un set fijo principal, un grupo más o menos reducido de actores y situaciones similares que se repiten hasta el infinito. En otras palabras, la inversión económica es baja en comparación con las posibles ganancias.

Los personajes protagonistas forman un círculo cerrado en el que eventualmente entran personajes invitados. No tienen complejidades y sus perfiles se ciñen a estereotipos bien definidos. Los capítulos llevan una línea argumental reiterativa. Toda emisión tiene motivos fijos y recurrentes. Cada emisión tiene un principio y un final cerrado. El siguiente capítulo abordará una situación diferente y ocasionalmente hará alusiones a capítulos anteriores.

Es evidente que la base de este tipo de programas es el humor que se despliega en situaciones cotidianas y que conllevan una buena dosis de absurdos, confusiones, malentendidos.

Vale la pena resaltar que los personajes de comedia se caracterizan por poseer algún vicio, defecto o error que se potencia en su relación con los demás. Como señala Claudia Cecilia Alatorre, «el personaje cómico es un transgresor, es alguien que ha rebasado los límites de «lo conveniente» y a quien se le «debe dar su merecido», hacerle daño «sin que se vea», o sea, reírse de él, ridiculizarlo». [77]

Una pregunta es pertinente: ¿en qué radica el humor? Siguiendo con las aseveraciones de Claudia Cecilia Alatorre, se nos dice que «el espectador debe reconocer en el personaje —cómico— las características que conforman un comporta-

---

[77] Claudia Cecilia Alatorre. *Análisis del drama*. Editado por Colección Escenología. 1999. Pág. 67.

miento social y ese reconocimiento va a provocar la risa. Para lograr el reconocimiento, la comedia se vale de la exageración de ciertos rasgos para poder sintetizar más eficientemente y para ayudar al efecto moralizante del rechazo al vicio en el espectador».[78]

Al criticar y caricaturizar defectos según la óptica de la moral de determinada sociedad, la comedia es, muchas veces, localista; es decir, el humor manejado en cierto país quizás no se pueda expandir fácilmente a otro u otros. Empero, hay que puntualizar que han existido *sitcoms*, que debido a su calidad, rebasan fronteras.

En concreto, el *sitcom* explota la repetición de los modelos anecdóticos y las características de los personajes: frases habituales, manejo sistemático y frecuente de tics y muletillas, el uso del *rolling gag* —efecto visual o corporal que mueve a risa por la reiteración automática—, historias similares, e incluso risas grabadas en momentos preestablecidos.

Es claro que lo que se busca es la fidelidad del auditorio por medio del acostumbramiento a la rutina. El abuso de los elementos característicos del *sitcom* ha dado lugar a éxitos populares pero de dudosa calidad.

El armado de un capítulo de *sitcom* se suele dar con una brevísima introducción —el llamado *teaser*— que debe llevar el sello peculiar de la serie y anunciar el conflicto del día. A la par corren créditos de inicio. El conflicto principal se desarrollará a lo largo de la emisión, quizás, implicando un enredo o confusión. En caso de que haya subtramas o conflictos secundarios, éstos serán por lo general también muy simples. Antes de cada corte comercial se procurará un golpe dramático que complique la trama —o *plot*, en inglés— y siga enganchando al espectador. Al final, la resolución se dará por medio de un efecto jocoso que

---

78   Ibidem. Página 77.

solucione —o agrave— el nudo principal sin que haya trascendencia para los capítulos posteriores.

Con la intención de que el público se sienta, no sin más reflejado, sino plenamente integrado a un grupo social, por lo regular un *sitcom* gira en torno a una familia con rasgos comunes pero con algún detalle curioso: un grupo de amigos unidos por un hecho especial, una oficina o un entorno laboral particular, etc. Ello trae como consecuencia un espacio que también ha de volverse reconocible para el televidente: una cafetería, un taller mecánico, una agencia de publicidad, una escuela, la sala de la casa de la familia protagonista.

El modo de estructurar no debe implicar complejidades, es decir, casi siempre se cuenta una historia de forma lineal, cronológica, sin vueltas al pasado muy complicadas, y soluciones que pueden ir desde la frase simple, la sentencia paradójica, la posibilidad de continuar con el mismo problema sin fin, la resolución cortante.

Me permitiré mostrarte los primeros momentos de un *sitcom* que yo escribí. Gira en torno a las tribulaciones de cuatro amigos —dos actrices, dos actores— que sufren los avatares de su profesión. Se trata del octavo capítulo.

DESEMPLEADOS

—CUATRO ACTORES AL BORDE DEL SUICIDIO—

ENTRADA INSTITUCIONAL

EN UNA HABITACIÓN SENCILLA ESTÁN ROSY —EMPUÑANDO UN CUCHILLO QUE PONE EN SU MUÑECA—, LORENA —QUE TIENE UNA PISTOLA EN LA SIEN—, MARIO —QUE TIENE UN FRASCO CON UNA ETIQUETA CON LA CLÁSICA CALAVERA—, Y LUIS —QUE TIENE UNA CUERDA PARA AHOCARSE—. CUANDO LA CÁMARA LOS TOMA ENTRA EN SÚPER Y DEBAJO «ACTRIZ O ACTOR SUICIDA». HABLAN AMENAZANTES A LA CÁMARA.

SFX: MÚSICA

LORENA: Somos actores desempleados…
MARIO: No nos sale una oportunidad…
LUIS: Si no encontramos trabajo en trece programas…
ROSY: ¡Nos suicidaremos!

189

ACORDE MUSICAL.
CORTE A:
ESCENA 1
INT. SALA DEPARTAMENTO DE ELLAS. TARDE.
ENTRA SÚPER QUE DICE:

«Un problema inesperado… ¿y si te sale trabajo?»

SE ABRE LA PUERTA DEL DEPARTAMENTO Y LLEGA ROSY CON MUCHAS BOLSAS DE SÚPER. VA HACIA LA MESA Y COMIENZA A SACAR LO QUE COMPRÓ Y PONERLO EN LA MESA. MIENTRAS ELLA HABLA A LA CÁMARA, SE ESCUCHA UN LEVE GEMIDO, NO SABEMOS POR QUÉ.

ROSY
No todo en la vida del actor, de la actriz, es sufrimiento. Nuestra carrera está llena de momentos felices. Por ejemplo… cuando nos sale un trabajo. ¡Hasta ganamos dinero, y podemos hacer el súper como la gente normal! Claro: muchas veces no es el trabajo que esperabas. Por poner un ejemplo (camina): hoy pudimos comprar muchas cosas porque a Lorena le salió un excelente trabajito, ¿verdad, Lore?

INTERCORTE A:
ROSTRO DE LORENA QUE SONRÍE AMABLE PERO TRATANDO QUE NO SE NOTE EL DOLOR. LORENA ASIENTE CON LA CABEZA.

ROSY
¿Y te divertiste en tu trabajo?

LORENA
(CON MUCHO ESFUERZO)
Mucho.

ROSY
(VIENDO A LA CÁMARA)
Dilo un poquito más fuerte. Que todos te escuchen.

LORENA
Me divertí… mucho.

ROSY
Bien. Muy bien. Hay entusiasmo. ¿Y qué más?

LORENA
(SONRÍE DÉBILMENTE)
Conocí a mucha gente.

ROSY
(A CÁMARA)
¿Ya ven? Hasta para hacer relaciones públicas sirve. ¿Y te sientes satisfecha, contenta?

LORENA Sí. Mucho.

ROSY
¿Lo volverías a hacer? (PAUSA) Lore… ¿lo volverías a hacer?

LORENA
Claro que sí. Con muchísimo… gusto.

ROSY

¿Quieres que todos recordemos qué hiciste el maravilloso día
de ayer?

C.U. DEL ROSTRO DE LORENA, QUE CIERRA LOS
OJOS. HAY HUMO EN LA PANTALLA Y LA IMAGEN
SE DIFUMINA PARA DAR A ENTENDER, COMO EN LA
TELEVISIÓN ANTIGUA, QUE NOS VAMOS AL PASADO.

Hay diversos tonos en los que se puede trabajar la comedia
en televisión: o muy ácido, o humor blanco; o muy picante y
rojo, o fino e intelectual; para toda la familia, o para un sector
específico.

Inmaculada Gordillo nos da una interesante clasificación de
diversas fórmulas cómicas: [79]

La *parodia* y la *sátira*. Recurre a la imitación, el sarcasmo y la
ironía con exageraciones al grado de caricatura. Frecuentemente
toca la farsa —en el sentido técnico teatral de situación imposible, no real—. Hay una burla frontal y el humor puede ser
grueso y tosco. Por lo general dirige sus ataques contra la política, la cultura, personajes famosos, problemas sociales, la economía. Depende de determinadas circunstancias para el hecho
de que la crítica se haga de manera más directa, o bien, muy
disfrazada.

El *slapstick*, o *payasadas*. Se basa en recursos actorales o
visuales: caídas, golpes, accidentes. En muchos lugares se le ha
estilado decir *comedia de pastelazo*. Pese a su humor burdo, no
es nada desdeñable, ni mucho menos: la han practicado desde
Charles Chaplin hasta Monty Python. De hecho, es herencia
directa de la Comedia del Arte.

---

79   Inmaculada Gordillo. Op.cit. Página 115 y siguientes.

La *Comedia de Salón*. También se la conoce como *Alta Comedia*, aunque el título es inexacto. Su esencia es el diálogo verbal ingenioso y sutil. La referencia teatral directa serían las obras de Óscar Wilde.

Comedia Romántica. Evidentemente con enormes matices color de rosa. Como en el teatro, está emparentada con el melodrama y con frecuencia muchos pasajes y ciertos finales pueden ser emotivos hasta las lágrimas. Es común que, inspirada en el teatro del siglo de oro español, los protagonistas sean una pareja que encuentra muchos obstáculos para realizar su amor y los ayuden personajes secundarios bufonescos.

Comedia de humor negro. Su esencia es el chiste o burla cruel contra algo o alguien. Es propicia para temas como la muerte, el crimen, la delincuencia, así como seres sobrenaturales como vampiros, hombres lobo o zombis.

Comedia de caracteres. Igualmente es herencia teatral. En realidad tiene elementos de la comedia de situaciones, pero da mucha relevancia al diseño de personajes, los cuales tienen perfiles marcadamente estereotipados.

Comedia de acción. Toda comedia conlleva el elemento de acción dramática. El término se refiere a una clase de comedias en las que se busca el humor mediante situaciones altamente dinámicas, tales como policías persiguiendo delincuentes.

Programa de sketches. La fórmula, muy añeja, es la de escenas cortas con personajes estereotípicos que desarrollan microhistorias chistosas. El reparto suele estar conformado por actores cómicos y mujeres bellas. En ocasiones también hay música. Este subgénero proviene del entremés o el paso; a su vez del teatro de revista y, en mi país —México— está influido por la tradicional *carpa*, género menor de moda de principios del siglo XX.

En cuanto a las temáticas especiales que aborda la comedia contemporánea, Inmaculada Gordillo nos dice que se encuentran las siguientes:

Dramecoms. Es la combinación de comedia y melodrama, o simplemente *drama*.

Comedia proletaria. Nos informa la profesora Gordillo que también es conocida como *Comedia de familias blue collar* o «*cuello azul*», debido que los protagonistas pertenecen a clases medias y bajas. Las temáticas suceden en multifamiliares, vecindarios o colonias populares y giran alrededor del desempleo, los bajos sueldos, la carestía, etcétera.

Kid-com. Comedias para niños o adolescentes, actuadas por niños y adolescentes y uno que otro adulto.

Pal-com. Comedias en las que los protagonistas conforman un grupo de amigos, compañeros, colegas, que se desenvuelven en el mismo entorno.

Work-comedy. Las situaciones giran en torno a los problemas que se dan en determinado entorno laboral. Se explotan las características de cierto gremio, se busca la identidad de esa clase de trabajadores o segmentos parecidos y se le hace ver lo atractivo que esa profesión u oficio tiene al resto de la población.

Como afirma la escritora Madeline DiMaggio, la estructura es el elemento más esencial. [80] La guionista norteamericana aclara que un guion de *sitcom* transcurre en dos actos. En nuestro medio televisivo un programa de media hora se fabrica por lo común con tres bloques, dos cortes. —Esta regla cambia dependiendo de la televisión o el país de transmisión—. Esto es importante saberlo pues, además de que debemos dar tensión a cada escena, las que anteceden a los cortes comerciales deben tener fuertes golpes dramáticos.

Hay dos formatos habituales para escribir televisión: el de dos columnas —más adelante te presentaré un ejemplo—, y el

---

[80] Madeline DiMaggio. *Escribir para televisión. Cómo elaborar guiones y promociones en las cadenas públicas y privadas.* Traducción Jordi García Sabaté. Ed. Paidós. Comunicación 49. 1992. Página 88 y siguientes.

de una sola columna —como la breve escena de mi autoría que te presenté líneas arriba—. En el de dos columnas se calcula que su relación es de *una hoja-un minuto,* aproximadamente. En el de una columna, debido a la separación de espacio y medio o dos que suele haber entre diálogos, se calcula que cada cuartilla dura medio minuto efectivo en escena.

Te recomiendo que cuando hayas avanzado en tu guion te des el tiempo de leerlo con calma y cronómetro en mano para calcular cuánto tiempo efectivo estás creando.

Debido a la agilidad y dinamismo que se requiere en televisión, cada *escena*, es decir, cada *fragmento mínimo* que escribas deberá de ser, cuando mucho y dependiendo de si lo haces a una o dos columnas, de dos páginas. Escenas demasiado prolongadas atentan contra tu capítulo y dificultan la labor del director; claro, a menos que las páginas que escribas tengan la acción necesaria y esa sea tu propuesta deliberada —te recuerdo que nos referimos al concepto de *acción* como movimiento externo e interno en la historia y en los personajes, y no sólo como espectacularidad física—.

Hablemos de tu historia. El planteamiento del conflicto deberá aparecer desde las primeras líneas y es ideal que quede claro en la primera página de tu guion. Como te dije líneas arriba, muchos *sitcoms* plantean el conflicto desde el *teaser* y a la par corren créditos de inicio.

Ese planteamiento debe contener —como lo explica Madeline DiMaggio— «… todo lo que necesitamos saber para poder ponernos en movimiento. Es el quién, qué y porqué de la historia. Fija los elementos dramáticos para nuestro personaje o personajes».

Y continúa aconsejándonos DiMaggio:

«Una vez que los elementos dramáticos se encuentran fijados, cada escena sucesiva presenta un obstáculo para esos elementos, y crea el conflicto que hace avanzar la línea del guion. Cuanto más intensos son los elementos dramáticos de tu personaje, y mayores los obstáculos, más divertido es y más fuerza tiene el guion».[81]

El hecho de que nuestro *sitcom* esté dividido en tres bloques con dos cortes provoca que tengamos en mano prácticamente tres actos. Sin embargo, debemos tener el cuidado de que, una vez planteado el conflicto o nudo principal en la primera o primeras páginas, la tensión no puede aflojar. Cada bloque debe incrementar la complicación de la situación y llegar al clímax previo a la resolución final.

Resumiendo de forma muy simplificada lo dicho hasta aquí en cuanto a las premisas de construcción: *planteamiento del conflicto —una o dos cuartillas—; se incrementa la complicación durante el primer bloque; golpe dramático antes del primer corte comercial (quizás una revelación, una sorpresa); durante el segundo bloque aumenta el conflicto (tal vez otro elemento situacional que agrava la historia), golpe dramático previo al segundo corte; último bloque: el conflicto, de por sí elevado, se vuelve insostenible, hay revelación, hay posibles soluciones, se llega al clímax de la situación, sobreviene el desenlace, créditos finales.*

Te remarco que, dependiendo del formato que uses, lo apretado de las líneas, el número de diálogos y acotaciones que tengas, puede variar mucho la cantidad de páginas. Podrían ser de veinticinco a treinta y cinco para tu programa de media hora. Insisto en que es vital que leas tu trabajo con cronómetro.

Ahora bien, si tu programa se prolonga a una hora, la solución de tu guion no te la dará el aumentar al doble las páginas sobre la historia que habías inventado; eso podría atentar contra tu propia acción dramática.

El secreto estará en el uso de las subtramas y conflictos secundarios. En otras palabras, tu nudo principal deberá de ir apoyado y tensado por una o dos líneas secundarias, que son con-

---

81   Ídem. Página 89.

flictos de menor intensidad, quizás en el mismo sentido tonal, o en franco contrapunto, y que sin desviar la atención del conflicto esencial, también son atractivos y deben tener resolución al final.

Igualmente debes respetar las premisas de presentación rápida del conflicto principal y los golpes dramáticos cada que supongas un corte comercial; es decir, de cuatro a cinco cortes comerciales para una hora, dependiendo de la televisora y el país.

Para efectos de transmisión, es muy importante prever que en programas de una hora debas colocar un fuerte golpe dramático a la mitad, esto debido a que es posible que, en algún otro lugar donde lo emitan, el programa sea dividido en dos fragmentos de media hora.

Es necesario preguntarse en qué radica la diferencia entre el conflicto principal, los conflictos secundarios y sus respectivos pesos específicos. Resulta imprescindible conocer perfectamente a tus protagonistas y hacer una labor de equilibrio y ponderación. A tus protagonistas les darás el nudo más intenso; a los personajes secundarios les impondrás los conflictos secundarios y las subtramas. Es probable que no sea lo mismo tener un problema respecto a practicar un aborto, que responder una declaración de amor. Hay grados de vigor y fuerza en los conflictos y tú debes medirlos. Por eso, insisto, es una herramienta trascendental la elaboración previa de tu cuento. En este sentido, el cuento lo es todo.

Para finalizar este segmento he de decirte algo que considero importante. Cuando intentas vender un *sitcom*, cualquiera que sea la variante, estás vendiendo no nada más una situación, una cadena de historias y unos personajes: estás ofreciendo un concepto global, una marca con valores propios, una fuente de historias con personalidad propia. La técnica actual para vender es el *pitch*. Más adelante te daré una definición de ese término.

LA *SOAP OPERA*

Es frecuente confundir la telenovela con la llamada *soap opera*. Estrictamente hablando son conceptos distintos. Acudo a Elena Galán y Begoña Herrero: «De forma esquemática, el término *soap opera* hace referencia a los seriales anglosajones, mientras que telenovela y «culebrón» se utilizan para definir las producciones procedentes de América Latina. Si bien ambos términos coinciden en muchos aspectos, también presentan algunas diferencias».[82]

En efecto, es costumbre asociar los géneros pero tienen sendas peculiaridades. La *soap opera* es una ficción dramatizada que recurre a la serialidad. Es interesante advertir que nace por cuestiones comerciales. Los viejos melodramas radiofónicos fueron importados por la televisión con la intención de entretener a las amas de casa. El entonces novedoso formato contó con el patrocinio de empresas de productos de higiene y limpieza: *Procter & Gamble*, *Colgate-Palmolive*, *Lever Brothers*. Estas ficciones han sido y son de muy larga duración. Por poner un ejemplo emblemático, *General Hospital* inició transmisiones en 1963 y se sigue transmitiendo en 2019 por la cadena ABC.

La *soap opera* se concibe con un final abierto; en otras palabras, los conflictos se ramifican de manera indefinida, sin buscar un cierre absoluto. Así, un conflicto puede extenderse ilimitadamente. La intención es dar a entender al espectador, y más exactamente a la espectadora, que la vida es un fluir constante y pese a cualquier problema, continúa siempre adelante. Aunque en apariencia haya tedio y cansancio, en realidad la cotidianidad está llena de acción, sorpresas y emociones.

Es natural que, a lo largo de tantos años de transmisión, en una *soap opera* aparezcan incontables actores y actrices, y algu-

---

82   Elena Galán y Begoña Herrero. Op.cit. Página 47.

nos de ellos entraran muy jóvenes y el público habrá sido testigo de cómo van madurando.

Como afirma Gordillo, cada capítulo desarrolla una parte de las tramas principal y secundarias, de manera que demanda del espectador la fidelidad para entender las problemáticas. [83]

Por otro lado, las historias no son tan complicadas como para alejar a un espectador que se acerque por primera vez. El ingrediente más importante en este género es el *suspense*; la palabra más recurrente es *continuará* —el denominado *cliffhanger*—.

Entre las *soap operas* más famosas están *Guiding Light*, *Days of our lives*, *Faraway Hill*, *All my children*, *Flamingo Road*, *Falcon Crest*, *Coronation Street*, *Dallas*, y *Dynasty*.

Las historias estarán centradas en una multiplicidad de temas de contenido esencial y primario, como la pasión amorosa, la ambición por el poder, la codicia del dinero, las relaciones familiares y de amistad. No se apela a ejercer la reflexión; se mueve a las emociones y sentimientos del espectador.

Debido a ese formato tan amplio, los protagonistas y los antagonistas llegan a cambiar mucho. Las anécdotas giran en torno a familias, o bien de mucho poder y dinero —a fin de despertar en el público anhelos aspiracionales—, o bien clase media —con la cual la audiencia se sienta identificada—.

Caso curioso es que, a pesar de que en Estados Unidos muchos actores y actrices han participado en este género, pocos son los que han podido dar el salto al cine. Sobresalen las excepciones de Meg Ryan (*As the World Turns*), Mark Hamill (*General Hospital*) o Demi Moore (*General Hospital*). [84]

---

83   Inmaculada Gordillo. Op.cit. Página 120.
84   Elena Galán y Begoña Herrero. Op.cit. Página 49.

LA TELENOVELA

Se trata de un género televisivo con un formato similar a la *soap opera*, distinguiéndose por tener carta de naturaleza en Latinoamérica. Se programa por lo general diariamente, de manera indistinta en las mañanas, tardes o noches. Su público objetivo original fueron las amas de casa, aunque ahora pueden ser desde el público infantil hasta los hombres. La nota principal de la telenovela es su cercanía con la novela rosa. A diferencia de la *soap opera*, sí contempla finales cerrados.

La telenovela —o *culebrón*— ha arraigado en América Latina. Según Jesús Martín-Barbero, «la integración de las masas en la modernidad en América Latina no pasa tanto a través de la cultura escrita, sino más bien por medio de la «sintaxis audiovisual» y se ubica en un proceso iniciado alrededor de los años 50 y desarrollado plenamente en los 70. Es en esta época cuando se empieza a generar una cultura de masas accesible a todas las clases sociales, impulsada por la difusión de los aparatos de televisión. Esto implicó una importante modificación de hábitos y opiniones en un gran contingente de la población y produjo la revitalización del espacio doméstico y un proceso de homogeneización cultural». [85]

Trayendo de nuevo a Inmaculada Gordillo, diremos que la telenovela está organizada en torno a contenidos melodramáticos ficcionales pero verosímiles. Esta certera afirmación nos obliga a hacer un breve alto para dedicar unas líneas a este género dramático mayor: el *melodrama*.

Hay quienes afirman que hay antecedentes de melodrama en el mismo Eurípides. Es importante señalar que alcanzó un

---

85   Citado por Marta Mariasole Raimondi. *La telenovela en América Latina: experiencia de la modernidad en la región y su expansión internacional.* Revista del Real Instituto Elcano. Área: Lengua y Literatura. 2011. Página 2.

punto álgido en la era victoriana —es decir, a mediados y finales del siglo XIX—.

El melodrama ha sido a la vez muy popular y muy vilipendiado. Eric Bentley se pregunta, «¿de dónde procede esa mala reputación? Viene —se responde Bentley— precisamente de la mala reputación del melodrama popular victoriano. Pero si bien no es justo juzgar algo por su aspecto más débil, no es injusto preguntar: ¿hasta qué punto es débil su aspecto más débil? ¿Qué es lo menos que puede pedirse de un melodrama?». Y responde categórico: «... que emocione hasta las lágrimas». [86]

En su clásico tratado, Bentley nos aclara más adelante que el llanto vertido por el público en el melodrama victoriano era un «llorar a gusto». ¿Por qué se llora así en la obra de teatro? Por un sentimiento claro: la compasión que se siente por el protagonista. Y profundizando en ese fenómeno, nos dice que en realidad «compasión es autocompasión». Sentimos piedad por el héroe de un melodrama porque nos hace ver nuestra propia vulnerabilidad.

Por otra parte, complementa su explicación diciéndonos que, si por un lado existe la piedad por el héroe —que nos despierta un sentimiento de autocompasión—, por el otro el melodrama nos provoca temor por el villano. Ésta es la parte más poderosa del melodrama. El talento de un autor de melodrama se demuestra, dice Bentley con autoridad, en el diseño de villanos que parezcan sobrehumanos, diabólicos.

Otro factor que el teórico inglés le reconoce al melodrama es «*la exageración*». La exageración sólo resulta tonta, absurda, incoherente, cuando no corresponde a un sentimiento auténtico. El melodrama está fabricado, pues, de sentimientos des-

---

86   Eric Bentley. *La vida del drama*. Editorial Paidós. 1985. Página 186.

carnados, brutales, primarios. «El espíritu primitivo, neurótico e infantil no exagera sus propias impresiones». [87]

Así, la telenovela latinoamericana se desplazará por diversos senderos que serán variaciones de un mismo tema: el amor.

«La telenovela es la resultante de una combinación de fuerzas culturales e industriales», como afirma Luis Rodolfo Rojas.[88] Y complementa señalando que la telenovela es arte, producto, cultura e industria. Sin duda llega a ser fenómeno social que impone y se alimenta de modas, costumbres, idiosincrasias.

Asimismo, apunta Gordillo que la telenovela se caracteriza por ciertas notas narrativas y de realización:

El argumento, los modos de producción —desde las escenografías y locaciones hasta vestuarios— y, por supuesto, el reparto se va determinando desde que se aprueba el proyecto.

Se elabora de conformidad con los patrones del melodrama: un planteamiento, conflictos intrincados, llenos de golpes dramáticos, sorpresas, revelaciones, secretos guardados, y un final en el que, por lo regular, se restablece el orden, los villanos reciben su castigo y la virtud de los protagonistas y el amor se ven recompensados. Toda subtrama se cierra.

Los personajes pueden llegar a tener cierto grado de volumen y contradicciones, pero en esencia se apegan a determinados estereotipos. La heroína buena y noble, los villanos perversos, el protagonista valeroso, los padres trabajadores y sufrientes, los abuelos sabios, los niños ingeniosos e inquietos… y sus infinitas variantes.

Las historias desarrollan temáticas en torno al amor, al pecado, el machismo, la virginidad, el adulterio y la fidelidad, los problemas laborales —en particular la creciente participa-

---

87   Ibidem. Página 193.
88   Mencionado por Inmaculada Gordillo. Op.cit. Página 125.

ción económica de la mujer—, los problemas con los hijos, las relaciones familiares.

Las emociones siempre se encuentran contrapuestas: amor-odio, fidelidad-adulterio, inocencia-perversión, nobleza-abuso, desinterés-codicia, etc.

Con frecuencia se regresa a las anécdotas de historias clásicas, aderezándolas con motivos de la época actual: *Cenicienta, La fierecilla domada, La Bella y la Bestia, Romeo y Julieta, El Conde de Montecristo.*

El melodrama televisivo requiere una combinación de exteriores e interiores, una mezcla adecuada de escenas de acción física con escenas informativas —*escenas altas y bajas,* como vimos en el capítulo correspondiente—, conversaciones confidentes entre dos personas, escenas climáticas con estallidos de pasiones, etc.

Técnicamente, la elaboración de la telenovela abarca dos actividades diferentes y complementarias: a) Escribir la historia general; b) Escribir los capítulos y dialogarlos.

En ambos participa generalmente un grupo de guionistas. En ocasiones se dividen la labor según aptitudes: hay quienes tienen mayor facilidad para «escribir el cuento», ya sea en diseñar la historia general, o perfilar las historias que abarcará cada capítulo; o hay quienes tienen aptitudes para dialogar. A veces es indistinto.

Lo primero es definir «el cuento», la historia que vas a narrar con personajes, diálogos e imágenes. Es posible que esa historia parta de un pequeño cuento de una o dos cuartillas. Hay que hacerlo crecer a diez hojas, y finalmente habrá de convertirse en un cuento de entre cuarenta o cincuenta cuartillas, y a veces más. ¿Por qué? Porque ese será un elemento imprescindible para vender tu proyecto. En el medio televisivo se le conoce como *La biblia.*

La *biblia* es el alma de tu proyecto. Debe contener tu *registro de propiedad* para defender tus derechos de autor. —Eso se hace, en México, en INDAUTOR, o por medio de la Sociedad General de Escritores de México, SOGEM. De hecho, aprovecho este momento para recomendarte que todo cuanto escribas lo registres de inmediato para proteger tus derechos como autor—.

El *concepto* resumido en un párrafo de no más de diez líneas de tu telenovela (*Story-line*). El *título de tu proyecto* y, quizás, títulos alternativos.

Importante será que elabores el **logline**, una frase sumamente atractiva e informativa, de entre 35 y 45 palabras, en las que habrás de resumir tu historia.

Aquí tienes un excelente ejemplo de logline: «Un profesor de química descubre que tiene un cáncer terminal y decide ponerse a traficar con metanfetamina en secreto para ganar mucho dinero en poco tiempo y poder mantener a su familia en su ausencia», de *Breaking Bad*.

Asimismo, debes elaborar el **tagline**, esta es una frase muy breve y vendedora, de no más de 10 palabras. Este es un ejemplo: «En el espacio nadie puede escuchar tus gritos», de *Alien, el octavo pasajero*.

En ocasiones, la presentación se hace acompañar de un *racional creativo* que explique y justifique por qué es oportuno realizar tu proyecto y los beneficios que reportará a la televisora el llevarlo a cabo. Este rubro puede ir acompañado de datos duros —estadísticas, ratings, targets, etc—; *referentes de tu proyecto*, es decir, antecedentes que ya hayan aparecido en pantalla, tanto en la propia televisora como en otras; *ficha técnica* que contenga el subgénero de tu proyecto, duración y horario probable, formato.

Muy importante será el *Perfil de personajes*, haciendo la semblanza de protagonistas, antagonistas y principales personajes secundarios. *Historia*: antecedentes, incidente detonador de la acción, conflicto principal, conflictos secundarios y subtramas. Esto constituye la parte más nutrida de tu *biblia*. Te sugiero que seas muy concreto y que tu presentación contenga entre cuarenta y cincuenta páginas. Eso sí, se debe advertir claramente tu *cuento*, la historia con la que quieres conmover al auditorio, y **el concepto que quieres vender.**

Como los productores no tienen tiempo de leer, tu presentación para vender el proyecto debe tener solamente el título, formato (si es serie, telenovela, etc.), género (melodrama, comedia, telenovela juvenil, etc.), número de capítulos, temporadas, target (tu público meta), *logline,* concepto, *tagline*, sinopsis corta (de 5 a 8 líneas), sinopsis larga (una página máximo), y descripción breve de los personajes principales (máximo 5).

Una vez que tienes tu presentación vendedora y tu *biblia* definitiva estarás en condiciones de hacer tu **pitching**.

El *pitching* es el documento más útil para presentar tu proyecto a un productor. Siempre están a las prisas y tienes muy poco tiempo para seducirlos con tu historia, así que hay que construir una presentación que no dure más allá de diez minutos, muy visual y que contenga los elementos esenciales.[89] El pitch también se hace de manera verbal. De hecho esa es la forma más frecuente.

Cuando ya estés en el proceso de hacer capítulos, hay que elaborar las *escaletas.* Es el relato técnico y esquemático, por escenas, de lo que acontece en el capítulo en cuestión. Me permito presentarte un fragmento de la escaleta de mi proyecto titulado *Esquizofrenia, la locura es el infierno*:

Esquizofrenia. La locura es el infierno
Capítulo 1
Entrada institucional
Recorrido en blanco y negro con cámara subjetiva, con acercamientos repentinos y vertiginosos por cuartos y pasillos del manicomio, con manchas de sangre en las paredes, un muñeco

---

89 Elena Galán y Begoña Herrero. Op.cit. Página 101.

de vudú, un paciente de espaldas en cuclillas, uno gritando sin que se escuchen sus gritos, hasta llegar a un cadáver tendido de lado y en un acercamiento a su cuello se lee «Esquizofrenia» y en un recorrido del cuello al brazo aparecen tatuados en la piel del cuerpo los créditos de inicio.

Sfx: chirridos de violines, risas enloquecidas, voces con palabras incomprensibles.

Corte a:

Ext. Interior hospital psiquiátrico. Noche 0.

Cámara subjetiva sigue a un paciente con cabeza rapada y en bata. Se ven caras de otros locos que le gritan «¡Cuidado!» «¡No lo mates!», «¡Asesino!». No pueden ayudarlo —porque están atados- o no se atreven. El paciente llega al baño y ahí en los mingitorios, unas manos enguantadas que sostienen una tensa cuerda —nunca vemos el rostro— lo ahorcan hasta hacerlo escupir sangre. Se escuchan más fuerte los gritos de los locos.

Corte a:

Ext. Calle aledaña al Hospital Santa Difna. Noche 0.

La policía ha llegado. También los servicios periciales. De un auto baja el Lic. Peralta. Les pegunta a los agentes qué saben. Al parecer fue estrangulamiento. Le dicen que hay signos de que el cuerpo ha sido arrastrado. No tienen datos para identificar el cadáver.

Corte a:

Int. Recámara Casa Selma. Día 1.

En su recámara, Selma se está maquillando, preparándose para ir al trabajo. Se escuchan los gritos de Francisco, el papá: «¡Selma, ya son las ocho! ¡Se te hace tarde!». Ella responde de forma seca e incluso molesta, «¡Ya voy, papá!». Baja las escaleras. Deja que su perro «Apolo» le lama la cara, le dice palabras cariñosas. Francisco le dice «¿Cómo puedes dejar que te lama? Hay gente que se ha muerto por eso». Ella no responde. Francisco intenta ser amable y le pregunta: «¿Te quieres llevar mi coche?». Selma res-

ponde seca: «Sí. Gracias. Mañana voy al taller a ver si ya está el mío». Francisco le dice: «No hay problema. Úsalo el tiempo que quieras. ¿Estás emocionada?». Selma responde: «No». Francisco: «Deberías entusiasmarte. Es tu primer día en ese trabajo. Que te vaya muy bien. Va a ser un día de locos». Selma parece enojada: «Papá, respeta mi profesión como yo respeto la tuya.»
Corte a:
Intercorte. Selma al volante rumbo al Hospital. Día 1.
Corte a:
Toma de ubicación. Hospital Santa Difna. Día 1.
El lugar es descuidado, incluso tétrico. Selma llega en su coche.
Corte a:
Ext. Calle, frente al hospital psiquiátrico. Día 1.
Selma se baja del coche, quita un objeto puesto para apartar el lugar y lo estaciona. Se baja, la increpa un franelero, y ella le dice que ahí trabaja.
Corte a:
Ext. Jardín Hospital Santa Difna. Día 1.
Un grupo en el jardín con mesas de metal, en donde están varios enfermeros y enfermeras, diez personas del patronato junto a los doctores Arrieta, Vesga y Ledesma, y en primer término el Director del Patronato Ing. Ortiz Palacios. Selma llega con paso firme. El Ing. Ortiz Palacios comienza su discurso de recepción diciendo que le da mucho gusto recibir a Selma, quien se hará cargo de la clínica. «Hemos pasado por etapas difíciles, pero se aclarará el panorama, sobre todo, porque la nueva directora cuenta con dos grandes valores: juventud y capacidad». Ella dice pocas palabras de agradecimiento y hay aplausos débiles.

Las escaletas pueden ser más o menos extensas. Su función es que sirvan como una fiel guía para la redacción de cada capítulo. Una escaleta de un capítulo de una hora deberá planearse para desahogar de diez a doce «golpes dramáticos», es decir, situaciones climáticas que impliquen suspenso. Cuando se trabaja en grupo, por lo regular varios dialogan y posteriormente uno de los integrantes le da un acabado final. Es el llamado editor literario. Es muy importante conservar el tono general, que bien puede inclinarse a un melodrama juvenil, a uno más pasional y muy dramático, a un tono combinado con comedia, etcétera.

Éste es un ejemplo de diálogos melodramáticos pertenecientes a una telenovela. El guion, como podrás apreciar, está elaborado a dos columnas.

CRÉDITOS DE ENTRADA.
ABRE EN:
T.U. HOSPITAL VALLE DE ALBA.
NOCHE 039   ESCENA 1

CORTE A:
INT. HOSPITAL VILLA DE ALBA. URGENCIAS.
NOCHE 039   ESCENA 2

ESTÁN SOFÍA Y KARLA ESPERANDO A PERLA.

1. KARLA: Me siento morir sólo de pensar que tal vez él llegue a... a irse sin que le haya podido decir cuánto lo quiero.

2. SOFÍA: Te aseguro que no va a pasar de un susto. Claudio va a sanar. (BROMEA) Ya ves que yerba mala...

3. KARLA: Tú nunca has creído en mis presentimientos y anoche soñé con él. En mi sueño yo estaba en una hermosa casa de campo. De pronto salía al jardín y Claudio pasaba lentamente manejando un coche descapotado. Y con la mano me decía «adiós»...

KARLA LLORA. LLEGA PERLA. LAS DOS VAN A SU ENCUENTRO

4. SOFÍA: No te sugestiones. No ha sido más que un... (CALLA).

5. PERLA: (A KARLA) Ya revisaron a Claudio y tu amigo está bien. Aún no despierta pero está reaccionando correctamente a los medicamentos. Ahora... no queda más que esperar.

6. KARLA: Pero qué dicen los doctores. ¿Qué probabilidades hay de que...?

7. SOFÍA: Cálmate, Karla. Ya oíste a Perla. Se va a poner bien. Es mejor que nos regresemos a casa cuanto antes. No vaya a aparecer su esposa y te vea... (TAPÁNDOSE LA BOCA POR LA INDISCRECIÓN).

SOBRE PERLA Y KARLA QUE SE IMPACTAN.

CORTE A:

INT. CASA PABLO. RECÁMARA PABLO Y CAMILA. NOCHE 039. ESCENA 3

PABLO YA SE HA PUESTO LA PIJAMA. SE METE EN LA CAMA, ACOMODA UNA ALMOHADA COMO RESPALDO, TOMA UN LIBRO Y SE DISPONE A LEER. CAMILA, EN SU LADO DE LA CAMA, ESTÁ MUY PENSATIVA. SÓLO LO VE, SIN DECIR NADA. ESTÁ MOLESTA.

210

8. PABLO: Este libro está buenísimo. ¿Quieres que te cuente? Trata sobre una mujer que nace en una colonia muy pobre y, de la nada, crea un emporio con el que llega a dominar a...

9. CAMILA: Si quieres decirme algo, hazlo directamente y no te andes con rodeos o indirectas. Sabes que quiero hacer de mi vida algo productivo. No soporto estar todo el tiempo sin hacer nada... ¡Y hasta este instante no he contado con tu ayuda!

10. PABLO: Por favor, no empieces. Entiéndeme. He estado muy ocupado. (PAUSA) Te prometo que mañana buscamos alguna actividad para alguien como tú, que tenga problemas para caminar.

11. CAMILA: ¡No sabes cuánto detesto sentirme una lisiada!

PABLO LA VE Y LA BESA EN LA FRENTE. CAMILA HACE UN ESFUERZO POR BESARLO, PERO LE GANA EL LLANTO. SOBRE ELLOS.

CORTE A:
INT. HOSPITAL VILLA BRAVA. URGENCIAS.
NOCHE 039. ESCENA 4

PERLA, SOFÍA Y SOFÍA
SIGUEN CONVERSANDO.

12. SOFÍA: Perdón... Creo que hablé de más. Siempre tengo problemas por no saber cerrar a tiempo mi bocota.

PERLA NIEGA MUY
AFECTADA. KARLA
TAMBIÉN NERVIOSA.

13. KARLA: Discúlpame, Perla, pero Claudio y yo nos hicimos el propósito de no hacer pública nuestra relación hasta que él haya conseguido el divorcio.

PERLA ESTÁ CONFUNDIDA.

14. PERLA: Pero... cómo. No entiendo una palabra. ¿Claudio te dijo que se divorciaría?

15. SOFÍA: Creo que es mejor que nos vayamos, Karlita. Esta plática me está poniendo los nervios de punta.

SOFÍA INTENTA AVANZAR
HACIA LA SALIDA
LLEVANDO DEL BRAZO
A KARLA. PERLA LAS
DETIENE.

16. PERLA: Karla... respóndeme.

17. KARLA: Claudio me dijo que ya estaba tramitando el divorcio.

18. PERLA: Eso no es cierto. Adora a Virginia y jamás le haría algo así.

LAS TRES SE MIRAN.

19. KARLA: Pues se tiene que divorciar... porque estoy esperando un hijo suyo.

PERLA NO SABE QUÉ DECIR. C.U. A LAS REACCIONES DE LAS TRES MUJERES.

Es momento de hacer una breve reflexión sobre los personajes típicos de una telenovela.

No obstante que en épocas recientes los modelos han evolucionado, hay ciertos cánones que se conservan. Por ejemplo, la protagonista joven y bella, de clase baja, en edad de casarse, «romántica y soñadora», noble, honesta, sencilla, sacrificada, con ideales puros y limpios, centro perfecto para las villanías de la antagonista, quien por su parte está llena de rencores y amarguras, ambiciosa de poder, decidida a interponerse entre la joven bella y un galán apuesto y valeroso, adinerado, pero que sucumbe con cierta facilidad a los embustes de la villana.

Inmaculada Gordillo cita la opinión del crítico de televisión e investigador Omar Rincón, quien afirma que «la heroína del melodrama tiene más valor que el héroe que no gana por sí mismo porque ni trabaja ni sufre, ni sueña. Las mujeres, en cambio, son el horizonte de acción, el lugar de la imaginación, la posibilidad de construcción de un mundo mejor». Y añade, «uno de los éxitos del melodrama es precisamente esa imagen de los hombres —frágiles y pasivos—, casi sin evolución, que se afirman en su machismo, en sus mamás y esposas, y en el poder de ser el primer hombre en la vida de unas mujeres que se transforman, se hacen a lo largo de la historia». [90]

Continúa explicándonos la prestigiada doctora de la Universidad de Sevilla que la protagonista, por lo común, inicia su viaje melodramático con algún tipo de carencia, y esta puede ser de índole material —riqueza—, personal —familiar—, física —belleza—, social —prestigio—, o cognitiva —desconocimiento de alguna información vital para su vida—.

Seguramente al mencionar cada una de estas carencias te vinieron a la memoria algunos títulos telenoveleros. Así, luego del arranque de la situación inicial —incidente detonador—, la heroína buscará solucionar esta necesidad pues implicará, no nada más una falta en su personalidad, sino un obstáculo para obtener el bien más preciado para ella: el amor. Ese será, pues, el centro de su curva anecdótica.

Por su parte, Martín Barbero opina que el melodrama se desarrolla en torno a cuatro sentimientos básicos: a) miedo, b) entusiasmo, c) lástima y, d) risa. [91] A ello corresponderán, según este autor, cuatro tipos de situaciones que son traducibles en cuatro sensaciones muy definidas: a) terribles, b) excitantes, c) tiernas, y d) burlescas.

Ahora bien, estos sentimientos y sus sensaciones correspondientes serán personificadas por cuatro personajes comunes en toda telenovela: a) el traidor, b) el justiciero, c) la víctima, d) el tonto. Al mezclarse, dependiendo de la preponderancia de

---

90   Gordillo. Op.cit. Página 128.
91   Ibidem. Página 129.

alguno de ellos, la telenovela adquirirá los siguientes tonos: a) novela negra, b) epopeya, c) tragedia, d) comedia.

Como ya hemos dicho, el melodrama —incluyendo el televisivo— tiene como ingredientes primordiales la compasión por el protagonista —que se traduce en autocompasión-, y el terror que provoca el villano.

Esto causará que la telenovela maneje otro elemento importante: la paranoia. Nos dice Bentley que en el melodrama nos sentimos perseguidos y nos parece que todas las cosas, vivientes e inanimadas, se confabulan para perseguirnos. O mejor aún: nada es inanimado. [92]

Las potencias que podrían operar en contra de la protagonista serán, pues, desde personajes que busquen destruirla, hasta las mismas fuerzas de la naturaleza, el clima, el ambiente en el que vive, y un factor presente en toda telenovela: el destino.

Habrá designios que escapen a la voluntad de las personas y que misteriosamente se coludan para, de manera caprichosa, ir inclinando la balanza para un lado o para otro. Este factor dará pie a un recurso que, como guionistas, hay que saber administrar: *la casualidad.*

Los malos melodramas están repletos de coincidencias que en ocasiones son poco explicables. No es un motivo perjudicial en sí; lo que quisiera recomendarte es que utilices este recurso de manera medida e inteligente.

Tomando en cuenta el perfil de los personajes protagónicos y antagónicos del melodrama televisivo, podemos estar de acuerdo con la doctora Gordillo en que existen los siguientes modelos: [93]

* La redentora: una joven mujer se enamora de un hombre de malos sentimientos que la desprecia y la usa. Al final,

---

92   Bentley. Op.cit. Página 191.
93   Gordillo. Op.cit. Pág. 130.

gracias a los sacrificios de la joven, el hombre termina enamorándose de ella y transformándose en un ser de bien.

- La secretaria enamorada: la anécdota se centrará en una mujer trabajadora que se enamora de su jefe, quien invariablemente la mira por encima del hombro. Como en el modelo anterior, la mujer logra granjearse su amor gracias a su sacrificio y buen corazón.

- La Cenicienta: la protagonista es una mujer joven y pobre y muy bella —o muy simpática—, que se enamora de un joven rico y un poco insensible. En el transcurso de la historia la joven se encargará de hacer que él abra los ojos y se enamore de ella.

- Romeo y Julieta: una joven se enamora de un hombre que en principio le corresponde. Sin embargo, los dos pertenecen a grupos o familias opuestas, lo que hace que su amor sea prohibido y deba vencer muchos obstáculos.

- La mujer fatal: aquí los roles se invierten. Una mujer joven, bella pero de malos sentimientos usa a toda la gente que está a su alrededor y juega con los hombres.

- Las amigas inseparables: un grupo de jovencitas —casi siempre cuatro, de personalidades muy definidas— que juntas enfrentan problemas amorosos. Otra variante de este modelo es la división del grupo entre ellos y ellas. Es un buen marco para grupos musicales.

En la estructura de estas historias para telenovela es importante el diseño del triángulo amoroso. Un hombre que no se decide entre una joven bondadosa y una vampiresa; una mujer que no sabe si elegir al hombre noble pero pobre o al soberbio y prepotente ricachón… Y las variantes que puedas imaginar.

Por su parte, Omar Rincón —también citado por Gordillo—, advierte los siguientes ingredientes dentro de cualquier modelo:[94]

- Historia de amor entre hombre poderoso y rico y mujer bella y pobre.

- Un obstáculo importante que impide que el amor se pueda realizar.

- En los primeros capítulos debe haber una relación sexual entre los protagonistas.

- La protagonista debe tener un grave secreto en su pasado. Quizás un origen noble o rico.

- Tanto protagónicos como antagónicos deben tener sus amigos confidentes, consejeros y cómplices. Tal vez permanezcan siempre fieles, o quizás puedan en algún momento cambiar de bando.

- Los hombres —muy pasivos— deberán depender de las mujeres que le rodean: mamás, novias, amantes y princesas.

- La intriga de la historia de amor debe mantener el *suspense* hasta el final.

Si el teatro necesita del recurso del gancho dramático, la telenovela recurre a él en todo momento. El cometido permanente es tener *enganchado* al espectador. Para ello se debe orquestar una serie de secretos, revelaciones, trampas por descubrir, enigmas y misterios que hay que ir develando. La clave es, pues, la creación inteligente del suspenso.

---

94   Gordillo. Ídem.

Finalmente te comentaré que hay diversos estilos de telenovela. Uno de ellos es el de la telenovela francamente melodramática, apegada a los cánones del género dramático. **La telenovela *melodramática*** posee una verbalidad exacerbada, sus conflictos priorizan las relaciones amorosas y la trama se polariza entre el bien y el mal.

La **telenovela de estilo *realista*** es un fenómeno relativamente novedoso en el que el modo de realización busca un mayor apego a la realidad, desde los diálogos —menos grandilocuentes, más naturales— a la actuación orgánica, grabaciones en ambientes naturales, etc. Además, los temas que toca involucran asuntos de actualidad, tanto en la política, la economía, la vida social. El diseño de los personajes trata de ser más verosímil: los malos no son tan malos y los buenos tienen también su lado algo oscuro. Hay conflicto amoroso, pero convive con otro tipo de problemáticas de actualidad que incluso, en ocasiones, adquieren mayor relevancia.

La **telenovela *cómica*** es un estilo muy socorrido debido a su tono desenfadado, informal y entretenido. La comedia y el melodrama son géneros hermanados, así que esta relación no es extraña. Desde las otras teatrales del Siglo de Oro español aparecía, en medio de la pareja romántica, el mozo con tintes de bufón o el ama de llaves chismosa y entrometida. La telenovela cómica exacerba el estereotipo de los personajes: el novio tonto, la secretaria bobalicona, el viejito libidinoso, las vecinas chismosas... Las situaciones chuscas se entremezclan con dramas ligeros. La estructura suele tener su base en enredos y confusiones, y la resolución será feliz.

La **telenovela llamada *posmoderna*** se va a caracterizar por la deliberada *hibridación* del género. El melodrama clásico va a poder incluir comedia desbocada y hasta farsa, tragedia, y pieza didáctica. Los personajes posmodernos mantienen una frontera muy diluida entre el bien y el mal y, por ende, sus perfiles psicológicos son complejos, en ocasiones hasta caer en rasgos rebuscados. Los temas que tocan este tipo de historias son muy variados y, por lo regular, dejan en un segundo término la trama amorosa. Intentan ser producciones provocadoras, audaces, perturbadoras, pero en el fondo deben seguir siendo telenovelas.

Estas tres modalidades que acabamos de enumerar nos obligan a tener presentes las temáticas que actualmente se pueden abordar en las telenovelas. En efecto, el espectro se ha ampliado y si antes únicamente se hablaba de amor convencional, rencores, celos, venganzas, adulterios y pasiones inconfesadas, ahora las telenovelas acuden a los periódicos y ensayos sociológicos para encontrar sus temas, como lo pueden ser el aborto, la eutanasia, la drogadicción, la pederastia, el racismo y la inclusión de la comunidad LGTBI.

Actualmente, la intención de refrescar el género provocó el *boom* de una línea que se ha explotado hasta la saciedad: la *narco-telenovela*. Esto es lo que nos dice al respecto Katherine Fracchia: «Puesto que es un producto de un género mayor, la narco-telenovela tiene muchos temas en común con la telenovela. (…) La telenovela es una reacción al conservadurismo que tiene raíces, en parte, en la religiosidad latinoamericana. Desde esta perspectiva se puede entender un aspecto del porqué la narco-telenovela ha tenido tanto éxito. Pero a pesar de su popularidad, la narco-telenovela y sus productores también han recibido muchas críticas por glorificar el narcotráfico». [95]

---

95 Benavides, O. Hugo. *Drugs, Thugs, and Divas: Telenovelas and Narco-Dramas in Latin America.* Austin: University of Texas Press, 2008. Citado por Katherine Fracchia. *El personaje del narcotraficante según las narco-telenovelas y los narcocorridos.* Tesina de máster. Universidad de Lund. 2011. Página 7. Tesina vista el 07/02/2018 en http://lup.lub.lu.se/luur/downl oad?func=downloadFile&recordOId=2095019&fileOId=2095021.

LAS SERIES DRAMÁTICAS O DE
ACCIÓN Y LOS UNITARIOS

A lo largo de la historia de la televisión ha habido series dramáticas, programas de acción y programas unitarios que han dejado una huella indeleble en la cultura popular. Aún resuenan en la mente de los nostálgicos *Leyendas de México, Hogar, dulce hogar*, o emisiones extranjeras, también aún en blanco y negro, como *Dimensión desconocida* o *Perry Mason*.

Por un lado estamos mencionando series cuyos ingredientes básicos son situaciones dramáticas poderosas y de corta duración, con ambientaciones poco habituales y cuyos capítulos, cada uno de ellos, a pesar de poseer el elemento de serialidad, procuran tener un inicio y un fin más definido.

En cuanto a los *unitarios*, nos estamos refiriendo a programas que son creados con un concepto general y cada capítulo trata un asunto autónomo, con principio y final. La característica de ser episódico hace del unitario el modelo más cercano al cuento. Es una especie de *Sherezade* que noche a noche nos cuenta una historia para seducirnos. De hecho, muchos escritores de literatura han participado escribiendo unitarios, como Ray Bradbury y el propio Rod Serling, que además de haber sido el creador de *The Twilight Zone*, o *Dimensión Desconocida*, fue notable cuentista y novelista.

Como apunta la maestra Inmaculada Gordillo, el formato se presta para revestir conceptos particulares como el misterio, la aventura, el policiaco, el fantástico; o bien situarlo en un lugar específico como un hospital, un despacho jurídico o un tribunal, una escuela, o incluso, un viaje espacial. [96]

Este tipo de realizaciones tiene las siguientes características: un número limitado y fijo de personajes que han de volverse muy

---

96   Gordillo. Op.cit. Página 136.

reconocibles para los espectadores; una conflictiva habitual que es resuelta mediante patrones similares pero buscando siempre la sorpresa; en el caso concreto de series, un conflicto general — *leitmotiv*— que, como indica el término germano, hilvana todos los capítulos, los cuales tendrán por su parte conflictos particulares y subtramas secundarias; en el caso de los unitarios, ese *leitmotiv* estará constituido, por lo general, mediante las relaciones de los personajes, que emisión tras emisión, se enfrentarán a nuevas situaciones; una técnica de relato más directa.

Han crecido tanto en importancia que las series se han convertido en objeto de profundos análisis. Como lo explican las investigadoras de la Universidad Panamericana María de Lourdes López Gutiérrez y María Teresa Nicolás Gavilán:

«Si como narrativas ficcionales las series se han vuelto atractivas y cada vez más populares, como objetos de estudio constituyen un universo complejo en el que caben dos interrogantes iniciales: qué historias nos cuentan las series y cómo nos las cuentan. Su potencial semántico es considerable dada su audacia en el tratamiento temático, la construcción de personajes cada vez más complejos, la asimilación de múltiples lenguajes además del cinematográfico y el potencial intertextual favorecido por su tendencia a retomar historias y referencias de la cultura popular. El espectro de respuesta se amplía si tomamos en cuenta la expansión de los relatos que genera el creciente fenómeno transmedia».[97]

---

[97] María de Lourdes López Gutiérrez y María Teresa Nicolás Gavilán. *El análisis de las series de televisión: construcción de un modelo interdisciplinario.* ComHumanitas: Revista Científica de Comunicación, 6(1). Página 24. Visto el 07/02/2018 en file:///C:/Users/dell/Documents/A%20Guionismo%20LIBRO/Series%20de%20tv%20UP%20art.pdf

Concepción Cascajosa Virino, de la Universidad Carlos III de Madrid, resalta los siguientes aspectos en las series originados por la influencia del cine: [98]

- Las estructuras narrativas abiertas, que pueden alargar la historia principal indefinidamente, son sustituidas por estructuras compactas y cerradas, eso sí, complejas y llenas de subtramas.
- Se planean temporadas breves, de 13 a 16 capítulos, e incluso menos.
- Se acude al cine para la búsqueda de nuevos géneros.
- Se toma del cine la libertad temática. Así, aparecen en la pantalla chica temas considerados por mucho tiempo como tabúes, particularmente en la televisión de paga.
- Internet cambia ciertos modos de producción y de búsqueda del rating.
- Innovaciones temáticas y formales —montaje— importantes. Por ejemplo, se rompe la *cuarta pared* y el personaje dialoga con el espectador.
- Dependiendo del tono de la serie, se procurarán finales poco previsibles, incluso poco alentadores para el auditorio tradicional.

LA TELE-FICCIÓN POSMODERNA

Las nuevas tendencias oscilan entre los modos tradicionales de ficción y la búsqueda de innovaciones combinando géneros y estilos que antes hubieran sido impensables. De esta manera, en la pantalla chica conviven las clásicas series melodramáti-

---

98   Gordillo. Op.cit. Página 139.

cas de duración interminable con miniseries de seis capítulos que rompen cánones mediante la hibridación casi imposible de conceptos ficcionales. ¡Tu campo de acción y de creación se ha ensanchado!

Conozcamos la clasificación que nos brinda Inmaculada Gordillo en cuanto a las ramificaciones de la serie según la influencia de otras líneas creativas, como pueden ser: [99]

- Dramas realistas basados en las relaciones profesionales de los personajes (médicos, abogados, publicistas, modelos);
- Dramas de investigación criminal (detectives, criminalistas, criminólogos);
- Sátiras sobre superhéroes;
- Ciencia ficción e historias fantásticas;
- Comedia combinada con melodrama;
- Comedia costumbrista —con tintes históricos—;
- Ejercicios de estilo personal, llegando incluso a textos crípticos con elementos de misterio y policiaco;
- Manejo múltiple de tramas;
- Drama adolescente y/o juvenil;
- Mezcla de géneros antes incompatibles, como western con ciencia ficción;
- Adopción de temáticas y estéticas del cómic.

Siguiendo el recuento que hace Brett Martin, [100] la revolución en series y miniseries estuvo a cargo de títulos como *Oz, Los Soprano, Six Feet Under, The Wire, Sex and the city, Deadwood* (todas ellas de HBO), *The Shield, Nip/Tuck, Rescue Me* (de FX), *Broken Trail, Mad Men, Breaking Bad* (de AMC), *Weeds,*

---

99   Ibidem. Pág. 45.
100 Brett Martin. Ibid. Esquemas y prólogo.

Dexter (SHO), *Game of Thrones* (HBO). Por supuesto, la lista está sujeta a apreciaciones. Quizás a ti te pareció que debimos incluir alguna otra. Lo que es un hecho es que a partir de los años noventa se dio un fenómeno en las series ficcionales en tres vertientes: hibridación de géneros, rompimiento de esquemas temáticos e innovación de estética visual.

ESTRUCTURA

Para finalizar este capítulo, habremos de enfatizar la importancia de la estructura en la composición de una ficción seriada en cualquiera de sus modalidades.

Sirve enormemente nuestro esquema de composición para obra teatral. Los elementos son los mismos —de hecho, el secreto, como he insistido en varios momentos, es tener un buen cuento—. Quizás en las series haya una mayor atención en los ganchos al inicio de cada fragmento y el suspenso al finalizarlo.

El consabido precepto de planteamiento, nudo o conflicto y resolución o desenlace se debe utilizar en todo momento: desde la estructura general de la serie, el armado de cada capítulo, el diseño de cada escena. Asimismo el manejo de los elementos como revelaciones, sorpresas, administración de la información, uso inteligente de escenas altas y bajas, clímax. Igualmente es de vital importancia el perfil de personajes y, por supuesto, el uso adecuado del diálogo tal y como lo vimos en el capítulo correspondiente.

Ahora bien, recurrimos a los consejos que nos dan las maestras María de Lourdes López Gutiérrez y María Teresa Nicolás

Gavilán, de la Universidad Panamericana, en cuanto a la estructura de un capítulo de ficción serial. [101]

Nos señalan las investigadoras que en el **primer acto** conoceremos al protagonista de la historia en sus condiciones habituales y, de inmediato, veremos que su inercia cotidiana es abruptamente interrumpida por algún elemento, un suceso no previsto, cuyo *incidente detonador* se puede identificar claramente y, abriendo un enigma, se le obliga a actuar de manera determinante.

En el **segundo acto** —el cuerpo del relato— tiene lugar el llamado *arco dramático* que irá confrontando a los personajes con obstáculos diversos, armando una serie de conflictos, quizás reforzados con subtramas que modifican o inciden en la trama principal. El personaje —o los personajes protagónicos— toman decisiones, salvan obstáculos, reciben ayuda, experimentan adversidades, y dudan de conseguir la victoria. «El entramado de varios arcos va dando al espectador información para que organice su propio mapa de la historia», advierten las investigadoras. Su papel es activo porque se ven afectados por una serie de emociones debido a los problemas que deben enfrentar. El conflicto principal crece en intensidad y pareciera no haber solución. Quizás, cuando todo parece perdido, surgen posibles ayudas que hay que encontrar a toda costa.

El **tercer acto** se arma con el cúmulo de acciones que permiten arribar a una salida lógica y coherente del nudo que inicialmente enfrentó el personaje. Las subtramas van cerrando, se atan los cabos de la historia y ésta termina.

Este esquema lineal puede subvertirse, alterarse, en manejos de estructuras circulares o elípticas.

101 María de Lourdes López Gutiérrez y María Teresa Nicolás Gavilán. *Análisis narratológico de series de TV. Construcción de un modelo*. Páginas 2385-2386. Visto el 09/02/2018 en file:///C:/Users/dell/Documents/A%20Guionismo%20LIBRO/Analisis_narratologico%20de%20las%20series.pdf.

Sería una estructura circular, si el capítulo comienza por la escena que, en nuestra historia lineal, correspondería a la final; el desarrollo del capítulo se abocaría al relato de cómo el personaje central llegó a ese punto final.

Sería elíptica, si el capítulo da inicio en un presente efectivo, en una escena subsecuente se vuelve al pasado que nos explique las situaciones que llevó al personaje a la situación del presente señalado, regresamos al presente efectivo —que a la sazón avanza en su acción dramática— y en determinado punto retorna a otro punto del pasado que nos revele más información para luego regresar al presente... y así sucesivamente hasta desembocar, en el presente efectivo —que ha ido avanzando— hasta el desenlace.

Ojo: el juego de tiempos, junto con el manejo de tramas o subtramas, puede arrojar un sinnúmero de esquemas, tantos como dé la imaginación. En otras palabras, las formas de organizar la información, de contar nuestro *cuento* y estructurarlo para televisión pueden ser amplias y variadas.

Revisemos el ejercicio que hacen las investigadoras de la Universidad Panamericana para interpretar las alternativas creativas de lo que ellas llaman *dispositivos narrativos*. Para ello, nos remiten al estudio de Omar Calabrese en su artículo titulado *La época Neobarroca*, quien aporta los siguientes modelos de construcción: [102]

Modelo 1. En esta clase de series —y nos señala como ejemplos *Star Treck* e incluso el *Super Agente 86*—, que hicieron historia desde los sesenta, reconocemos a un personaje claramente construido. Ello nos facilitará entender la manera habitual como enfrentará los conflictos que habrán de solucionar, forma que será diferente cada capítulo. Los personajes no tienen

---

102   María de Lourdes López Gutiérrez y María Teresa Nicolás Gavilán. Ibid. Página 2387.

historia. La temporalidad del relato en cada capítulo es independiente, presenta una construcción lineal sin grandes elipsis. Sobre el diseño previo del o los personajes, los veremos actuar, desenvolverse, resolviendo un sinnúmero de problemáticas sin que su situación histórica personal evolucione mayormente.

Modelo 2. En este modelo, un conflicto principal es resuelto en cada episodio y ello constituye el carácter central de la serie. Empero, ese conflicto principal se anuda con la construcción de una línea dramática general en la serie y que se va desarrollando en los capítulos subsecuentes. En otras palabras, hay un conflicto A —eventual—, que convive con un conflicto B —general— que permanece durante los demás episodios. Los guionistas nos muestran evoluciones físicas o psicológicas de los personajes y así vamos profundizando en sus personalidades. Los ejemplos que brinda Calabrese son *Friends* (NBC), *Two and a Half men* (CBS) o *The Big Bang Theory* (CBS). En este modelo hay una transformación paulatina de los personajes principales.

Modelo 3. Al decir de Calabrese, este modelo es más popular, al que se recurre con mayor frecuencia en las series más famosas. Si bien cada episodio tiene un conflicto y en la mayor parte de los casos una resolución, no radica allí la esencia de la serie, sino en el seguimiento de varias líneas dramáticas: la trama A, que es el conflicto principal del episodio; la trama B, cuya función es poner en juego la parte emocional y la confrontación de los personajes con las acciones. En ocasiones se da una trama C, que afecta a los personajes secundarios, no atañe a los protagonistas, pero refuerza el *gancho* de la serie. Eso sí, la diferencia en este modelo es que los protagonistas —o los antagonistas— tienen una historia que nos debe interesar y un futuro que implica un enigma para el espectador. Los personajes principales tienen un trazo complejo, integral y congruente. En este modelo de serie se evoluciona hacia un final que guarda lógica tanto con el perfil de los personajes como con las líneas argumentales que se han planteado a lo largo de los capítulos.

Modelo 4. Este último modelo es muy parecido al número tres, sólo que las múltiples líneas dramáticas apuntan en varias dimensiones, por eso su importancia puede variar. Los personajes protagónicos son numerosos, todos con un peso casi similar. Sus personalidades son muy definidas y atractivas. A veces sus presencias aumentan, otras descienden y así dan paso a los co-protagónicos, e incluso, pueden llegar a desaparecer en algún capítulo. Eso sí, todos los personajes tienen un perfil muy bien diseñado y un arco vital. Este esquema, basado en muchos personajes y diversas líneas argumentales obliga a una elaboración de historias sumamente complejas. Los ejemplos pueden ser *The Wire* y *Game of Thrones* (ambas de HBO), *Lost* (ABC).

El mundo de la televisión requiere de más y mejores guionistas. Hay otros países en lo que se les valora mejor; desafortunadamente, en México esa es una lucha que debemos reforzar. Igualmente hace falta que los guionistas se preparen constantemente y se atrevan a revitalizar el medio con historias frescas, atrevidas e innovadoras; para ello, es necesario que haya productores con el ánimo y la valentía para apoyarlos.

Como ya lo hemos mencionado, el medio de la televisión es voraz, cada vez requiere más y más combustible. Hay que seguir y seguir generando ideas, conceptos, proyectos. Como afirma el investigador Brett Martin:

«En el nuevo mundo de la televisión, que ya casi ha cumplido los quince años de edad, probablemente no haya un final. Al fin y al cabo, todo el modelo económico del medio depende de la longevidad, la duración, el llamativo número de temporadas. En un mundo televisivo perfecto, ninguna puerta se cierra para siempre, ninguna serie muere jamás. Como dice la canción, la película nunca se acaba, sigue y sigue y sigue...». [103]

---

103   Brett Martin. Op.cit. Página 371.

Soñar con el cine

El cine tiene un poder hipnótico. Apela a la imagen y la palabra para elaborar, no sólo un medio de comunicación sino todo un lenguaje que llega más atrás de la retina. Si el teatro tiene en su esencia algo de mágico, el cine posee, sin duda, un corazón onírico. Cuando se hace cine se materializan sueños.

Al respecto, esto es lo que elocuentemente nos dice Dina Yael:

«El hombre genera secuencias de imágenes, producto de un montaje inconsciente, en sus producciones oníricas. Como plantea Freud en La interpretación de los sueños, nuestra mente rescata imágenes (resto diurno), al azar, y de esa misma forma indiscriminada las proyecta. No hay un proceso consciente en lo que respecta a la generación de sueños, y no somos capaces de «ver», «sentir» e «interpretar» el sueño en forma consciente. El cine nos propone una especie de sueño, nada azaroso, construido con una forma y un contenido determinados, esto es, con un lenguaje propio. El universo onírico y el fílmico, cuyos dispositivos no pueden ser comparados, comparten, sin embargo, lo simbólico. En los sueños, los símbolos se pueden diferenciar entre naturales y culturales. Así, los naturales derivan de los contenidos inconscientes de la psique y representan un número enorme de variaciones de las imágenes arquetípicas esenciales, y los culturales son los que se han empleado para expresar verdades eternas, imágenes colectivas aceptadas por las sociedades civilizadas». [104]

El cine es, pues, ese sueño *cultural*. Para su concreción han de colaborar decenas de personas de las más disímbolas disciplinas. Baste ver los créditos de la película más modesta para darse cuenta del esfuerzo que implica sacar adelante un proyecto.

Detrás de ese ejército de trabajadores está la labor intelectual e imaginativa del guionista. Como siempre, ella o él tienen una gran responsabilidad en sus manos.

Es necesario coincidir con las sabias palabras de Akira Kurosawa, quien afirmaba que con un excelente guion un buen director puede realizar una obra maestra y con el mismo guion, un director mediocre puede hacer una película pasable; pero con un guion malo, ni el mejor de los directores puede hacer una película más o menos visible. Para la expresión cinematográfica —decía el autor de *Rashomon*—, la cámara y el micrófono deben atravesar los elementos más peligrosos como el fuego y el agua. El guion debe tener la capacidad de poder hacer lo mismo.

Es, pues, indispensable que todo guionista construya su trabajo con fantasía y técnica. **De nueva cuenta está en la base la confección de un *cuento* atractivo, claro y definido, luego del cual se pueda planear una estructura cinematográfica.** Disculparás la insistencia en esta idea machacona pero es una realidad: no se puede hacer un buen guion de cine si no se crea un buen *cuento*.

Así lo interpreta el profesor de la Universidad de París III, Michel Chion:

«Una distinción necesaria es la que existe entre la historia propiamente dicha —es decir una cosa tan tonta como lo que

---

104 Dina Yael. *Embalsamar el tiempo, esculpir el cine.* Artículo publicado en *Curso de lenguaje cinematográfico.* Publicado por Universidad ORT. Uruguay. Coordinador Pablo Ferré. Visto el 10/02/2018 en https://www.ort.edu.uy/fcd/pdf/pulsoaudiovisual2001.pdf. Página 26.

ocurre cuando se expone un guion en extensión, según el orden cronológico—, y el otro plano, que podemos llamar narración, pero que otros llaman: relato, discurso, construcción dramática, etc., y que remite al modo en que es contada la historia. Entre otras cosas, la manera en que los acontecimientos y los datos de la historia se dan a conocer al público —modos del relato, informaciones ocultas, luego reveladas, utilización de los tiempos, elipsis, reiteraciones, etc.—. Este arte de la narración puede, por sí solo, dar cierto interés a una historia carente de sorpresas. A la inversa, una mala narración estropea el interés por una buena historia, cosa que puede experimentar cualquiera cuando se esfuerza por alcanzar el éxito con una historia divertida». [105]

La fusión entre la creación de un cuento interesante y el diseño de una arquitectura inteligente darán como resultado un guion idóneo para iniciar un proyecto fílmico.

La estrecha relación entre historia —los hechos que ocurren— y su organización en una composición adecuada es también recomendada por Syd Field, pero con otros términos:

«El tema puede ser tan simple como el de un visitante del espacio exterior que no llega a tiempo a su nave espacial y es encontrado por unos niños que se hacen sus amigos y lo ayudan a escapar —*E.T., el extraterrestre*—. O el tema puede ser que el campeón del mundo de los pesos pesados pierde su título y luego lo vuelve a recuperar —*Rocky III*—. O puede ser que un arqueólogo recupera un documento o artefacto famoso que ha estado perdido durante siglos —*Indiana Jones en busca del arca perdida*—. Lo primero que les pido que hagan a los alumnos de mis talleres de escritura de guiones es decirme de qué trata su historia. Antes de poder empezar un guion es necesario cono-

---

105 Michel Chion. *Cómo se escribe un guion*. Trad. Dolores Jiménez Plaza. Escaneado por Anelfer. 2002. Visto el 10/02/2018 en http://www.unpa.edu.ar/sites/default/files/descargas/Administracion_y_Apoyo/Materiales/2015/T202/Escritura_de_un_guion_Michel%20Chion.pdf. Página 64.

cer el tema —es decir, de qué trata el guion— en términos de un personaje que desarrolla una determinada línea de acción dramática o cómica».[106]

Cuando Field habla de *tema* se refiere, evidentemente, al *cuento*, a las *cosas que ocurren*.

Deseo no reiterar muchas de las cosas que ya hemos mencionado en cuanto a estructura teatral y el consabido *esquema de composición*, ampliamente abordado en el capítulo pertinente. Lo que sí me interesa recalcar es que todos los conceptos ahí mencionados confluyen en la elaboración de un guion de cine.

En un sentido bastante parecido al que hemos manejado citando los elementos que conforman el andamiaje teatral, se desplaza el guionista Blake Snyder cuando plantea lo que denomina **Hoja de tiempos**:[107]

1. Imagen de apertura. Es la escena que marca el género y el tono de la película. Nos dice Snyder que será el polo opuesto a la imagen de cierre. (Debe abarcar la primera página del guion).

2. Declaración del tema. Snyder afirma que normalmente alguien se lo dice con palabras al protagonista. La declaración del tema puede darse también con imágenes, con acciones. (Snyder señala para ello las cinco hojas siguientes).

3. Planteamiento. Coincide con lo que hemos manejado como *gancho*. Snyder dice que las primeras diez páginas del guion deben atrapar al lector, y obviamente, al posible

---

106   Syd Field. Op.cit. Página 15.
107   Blake Snyder. *¡Salva al gato! Va al cine. Guía para guionistas de todos los argumentos del mundo.* Trad. Amado Diéguez. Alba Editorial. 2016. Páginas 20 y siguientes.

productor del proyecto. También deberemos conocer a los personajes principales. (1 a 10)

4. Catalizador. Snyder nos dice que debe ser cualquier elemento que sacuda la vida del protagonista por primera vez en la historia. Corresponde a lo que hemos denominado *incidente detonador*. (Página 12).

5. Debate. Es la parte del guion en la que el héroe duda del viaje o misión que debe emprender. (Páginas de 12 a 25). (Blake Snyder, como muchos otros guionistas de Hollywood, han sido influenciados por las tesis sobre las etapas que recorre el héroe mitológico desarrolladas por Joseph Campbell en diversos escritos, entre ellos *El héroe de las mil caras*. Las etapas que debe recorrer el héroe han estado presentes en cintas como *Star Wars, El Rey León, Indiana Jones, Batman* o *Matrix*).

6. Transición al segundo acto. El héroe deja la comodidad de su mundo anterior —tesis— y se adentra en el nuevo mundo —antítesis—. Comienza el viaje. (Hemos llegado a la página 25).

7. Trama B. Está conformado, generalmente, por la historia de amor. (Página 30).

8. Risas y juegos. Snyder llama así esta etapa del guion de cine en la que se deja un poco de lado la trama principal y se aligera la historia con escenas cortas y triviales. (De la página 30 a 35).

9. Punto intermedio. Es la línea divisoria entre las dos mitades del guion. La presión sobre el héroe aumenta. Se complica al doble el conflicto principal. (Página 55).

10. Los malos estrechan el cerco. Alguien del propio bando del héroe lo traiciona y, además, los enemigos redoblan los ataques. (Página 55 a 75).

11. Todo está perdido. En realidad se trata de una falsa derrota. Pero a pesar de no ser la derrota final, algo importante para el héroe se pierde. (Página 75).

12. Noche oscura del alma. Aquí, el héroe pierde todas las esperanzas. (Páginas 75 a 85).

13. Transición al tercer acto. De un lugar insospechado surge una nueva idea, un ataque de inspiración creadora, o un consejo de un personaje de la trama B. El héroe, que se creía vencido, emprende de nuevo la lucha. (Página 85).

14. Final. Es una síntesis de las tramas planteadas, la principal y la secundaria. El héroe ha enfrentado la crisis y ha creado un nuevo orden. (De la página 85 a la 110).

15. Imagen final. Es la opuesta a la de inicio. Mediante un claro impacto visual nos muestra que se ha operado un cambio, una transformación definitiva. (Página 110). [108]

---

[108] Compárese este esquema para guion cinematográfico con los doce pasos del héroe del mencionado Joseph Campbell: 1.- El mundo ordinario. Nos presenta el mundo ordinario y la vida normal del héroe. 2.- La llamada a la aventura. Sucede algo que incita al héroe a dejar el mundo normal y embarcarse en una aventura. 3.- El rechazo de la llamada. El héroe, por miedo a lo desconocido o falta de confianza en sí mismo, no quiere participar en la aventura (aunque hay héroes resueltos que no atraviesan esta etapa). 4.- Encuentro con el maestro o mentor. 5.- Cruce del primer umbral: Es cuando el héroe por fin se decide a emprender la aventura y da el primer paso para embarcarse en ella. 6.- Pruebas, aliados y enemigos. Es el corazón de la historia, donde se dan a conocer los aliados y los enemigos y se viven aventuras. 7.- Acercamiento a la cueva más profunda: Es cuando el protagonista se adentra en el lugar o situación que le llevará a conseguir su objetivo en la historia. 8.- La Odisea o calvario. La batalla o prueba definitiva donde el héroe ha de triunfar o fracasar definitivamente; un juego de todo o nada. 9.- El premio. El héroe obtiene lo que había venido a buscar (consigue el tesoro, mata al malo, rescata a la princesa, etc). 10.- El camino de regreso. El héroe es perseguido durante el camino de regreso, o tiene complicaciones para volver (ejemplo: puentes que se caen, muros que de derrumban, esbirros del malo caído o guardianes del tesoro robado que persiguen al héroe, etc). 11.- Resurrección. Es el clímax de la historia, el momento definitivo en el cual el héroe tiene un último encuentro con la muerte (tanto literal como metafórico, puede entenderse también estar a punto de perderlo todo) y sale airoso. Se llama «resurrección» porque después de esta experiencia el héroe ha cambiado: tiene más experiencia, seguridad en sí mismo o sabiduría. 12.- El retorno con el elixir. El héroe vuelve a casa con el premio obtenido (el premio puede ser tanto algo físico, como un tesoro, como algo más intangible, como el amor

Por su parte, la guionista norteamericana Linda Seger opina lo siguiente respecto a la estructura de los guiones de cine:

«Aunque las películas de cine no tienen interrupciones, también se apoyan sobre una estructura en tres actos, que ayuda a centrar la historia y a hacerla avanzar. Como resultado de esta similitud en todas las formas dramáticas, lo que comentaremos con respecto a la estructura de películas de cine es igualmente aplicable a la televisión y al teatro. En una película de cine, los tres actos suelen requerir unas diez o quince páginas para plantear la historia, unas veinte páginas para desarrollar el primer acto, un segundo acto largo, que puede extenderse de cuarenta y cinco a sesenta páginas, y un tercer acto, relativamente más rápido, de veinticinco a treinta páginas. Cada acto tiene un enfoque diferente. El paso de un acto al siguiente suele llevarse a cabo con una acción o suceso llamado punto de giro. (*Turn point*, o *plot point* según Syd Field). Cada elemento de esta estructura tiene un propósito diferente. El planteamiento tiene una finalidad distinta a la del segundo punto de giro. El desarrollo del primer acto es diferente del desarrollo del segundo. El ritmo del tercer acto es normalmente más rápido que el de los otros dos». [109]

Como podrás apreciar, su idea sobre la estructura no difiere mucho de lo propuesto por Blake Snyder y su *Hoja de tiempos*.

Respecto a las reflexiones generales que hace Linda Seger es de resaltar el énfasis que da al trabajo exhaustivo de revisión y reescritura. Éste es un precepto que siempre debe seguirse al pie de la letra: *escribir bien es reescribir.*

---

encontrado, la sabiduría y la experiencia que le ha dado la aventura, etcétera). Joseph Campbell. *El héroe de las mil caras. Psicoanálisis del mito.* Trad. Luisa Josefina Hernández. Fondo de Cultura Económica. México. 1972.

109 Linda Seger. *Cómo convertir un buen guion en un guion excelente.* Trad. Ángel Blasco. Ediciones RIAPL, Madrid. 1991. Páginas 32-33.

En el capítulo ocho de su ya mencionado *Manual del guionista*, Syd Field distribuye también la arquitectura del *script* en tres partes, que él llama *actos*. El término se usa hasta la fecha en muchos ámbitos de producción audiovisual.

Coincidimos con Field cuando advierte que un guion se inicia con la redacción de cuatro hojas —nosotros hemos dicho que pueden ser de tres a diez, siempre y cuando se mantenga clara la cadena de hechos—, y para él deben estar fijados en ese texto el principio, el primer *plot point* —el concepto implica un suceso que complica la historia y le da un vuelco—, segundo acto, segundo *plot point*, y resolución final.

Según aconseja Field, el primer acto debe ser visto como una unidad dramática que comienza en la página uno, finaliza en la página treinta del guion y engloba el *planeamiento*.

En estas páginas se debe presentar la historia, los personajes y la situación. La historia debe plantearse en las primeras diez páginas y se debe diseñar meticulosamente a fin de que atrape al lector y, por ende, a largo plazo al espectador. Se tiene que establecer el contexto dramático, el incidente detonador, y a mi modo de ver, un poderoso *gancho* al inicio de esas diez cuartillas.

Como herramientas orientadoras, Field sugiere hacer una serie de fichas en tarjetas, una por escena, en el orden que deseamos que lleve la historia. No hace falta esmerarse en una redacción literaria. Es suficiente describir de manera escueta la escena. Syd Field nos ofrece un ejemplo: supongamos que la historia gira alrededor de un periodista americano enviado a cubrir una información a París, y ahí conocerá a una joven francesa de la que se enamorará. Así, las fichas podrían llevar las siguientes frases:

Ficha #1: Periodista llega a París.
Ficha #2: Se aloja en un hotel. Llama a su mujer.
Ficha #3: Encuentro con el director del diario.

Ficha #4: Recibe instrucciones sobre su hombre y su tarea.
Ficha #5: Ve a su hombre en una recepción oficial. No habla
   con él.
Ficha #6: Llega al Ministerio de Cultura.
Ficha #7: Entrevista al sujeto.

Y así sucesivamente, escena por escena, tarjeta por tarjeta, hasta llegar al *plot point* del final del Acto I, cuando el periodista conoce a la joven de la que se enamora.

Hay que procurar no llenarnos de tarjetas. Se debe ser organizado, directo y conciso. Eso sí, se debe llevar una lógica en la evolución de las situaciones.

Mi punto de vista al respecto es que esa función también puede cumplirse con una **escaleta** que divida muy bien el planteamiento, el conflicto y el desenlace, con los elementos de nuestro *esquema de composición*. En el fondo, son técnicas similares. Pero sigamos con las recomendaciones de Syd Field.

Aclara sus palabras con un par de frases certeras: «cuando esté haciendo las fichas, haga las fichas. Cuando esté escribiendo el guion, escriba el guion». Y es que las fichas deben ser sólo un elemento orientador para la realización del guion que, al momento de escribirlo, puede ir modificándose de manera flexible, ya que, como hemos dicho, escribir es un acto de libertad.

Un factor importante para estructurar la historia, según Field, es la definición de la historia previa —*backstory*— o historia preliminar. Son los acontecimientos que llevaron al protagonista al comienzo de la historia, y depende de nuestras necesidades el recorrer un día, una semana o unas cuantas horas previas al arranque. Conocerlos bien nos ayudará al diseño de nuestra primera escena.

La historia preliminar provocará una fuerza de movimiento que habrá de reflejarse en el inicio de nuestra trama. Eso repercutirá en las primeras diez páginas de enganche y, en general, las treinta que debe abarcar lo que Field denomina *el primer acto.*

Se puede inferir que Field hace una división entre las diez primeras páginas, que deberán de ser sumamente potentes y contener elementos como la presentación del protagonista, el contexto de la historia, la acción dramática, el conflicto principal —e insisto, el *gancho* inicial y el *incidente detonador*—, y las veinte cuartillas siguientes que conforman el planteamiento de la historia o primer acto.

Cuando ha diseñado a conciencia el primer acto como una unidad compacta, es decir, un bloque de acción dramática con concepto definido, y se han decidido las secuencias de escenas, según Field hasta entonces es posible empezar a escribir el primer acto del guion, aunque sea como primer esbozo que después merezca varios tratamientos.

También nos recomienda continuar contando la historia sin que nos limite cualquier tipo de juicio crítico, el cual podrá venir a lo largo de las sesiones de revisión.

Es importante señalar que, según la estructura que nos propone Field, en las diez terceras páginas avanzaremos hacia el *plot point* al final del Acto I, y el cual consiste en un incidente, un episodio o un acontecimiento que da un vuelco a la acción y, por consecuencia, le hace tomar otra dirección. Tiene lugar alrededor de la página veinticinco o veintisiete y debe desembocar en lo que él llama el segundo acto.

Siguiendo el orden de ideas que nos propone Field, el *segundo acto* será la unidad de acción dramática que arranca con un incidente llamado *plot point* que tiene lugar al final del primer acto y que llegará al siguiente *plot point* que se efectuará al terminar el segundo acto. (*Sándwich entre plots*).

Si el primer acto abarca treinta cuartillas, el segundo acto deberá tener alrededor de sesenta páginas de extensión. Field titula a este contexto dramático como *confrontación*, y es lo que en otro lugar de este estudio hemos conocido con el aristotélico nombre de *conflicto* o *nudo* de nuestra historia principal. Las fuerzas opuestas han entrado en franca colisión y el personaje, o personajes centrales, se ven envueltos en una problemática turbulenta y de difícil solución.

Técnicamente, Field nos señala que este es el esquema a seguir: en primer lugar, cuando se esté elaborando el segundo acto hay que tener plena conciencia de dónde estamos ubicados en nuestra trama y hacia dónde nos dirigimos.

Debido a que las fuerzas protagónicas se empeñan con vigor en conseguir su objetivo y encuentran decididamente la oposición del o los antagonistas, aquí la acción deberá de derivar en una poderosa *crisis*.

El segundo acto deberá extenderse el doble de lo que nos llevan tanto el primer acto como el tercero. Una vez que hemos estudiado bien nuestra historia y hemos fijado el punto medio, el segundo acto ha de convertirse en una unidad de acción que, para facilitar su composición, debemos dividir en dos unidades básicas de treinta cuartillas cada una.

Así, la primera mitad del segundo acto deberá extenderse desde el *plot point* que tuvo lugar al final del primer acto hasta un evento que denominaremos *el punto medio* —treinta páginas—. La segunda mitad del segundo acto habrá de desarrollarse desde el *punto medio* hasta el incidente o acontecimiento que de un nuevo vuelco a la trama y que será el *plot point* al final del segundo acto —las restantes treinta hojas de ese segundo fragmento—.

Syd Field nos recomienda un ejercicio práctico y efectivo, que consiste en ver cualquier película que nos guste —y por supuesto, que sea mínimamente de calidad—. En una primera vista debemos dejarnos llevar por el placer de verla. Posteriormente, deberemos de verla desde un punto de vista analítico, incluso con un cuaderno de notas y reloj en mano —y si es posible estudiarla deteniéndola cada determinado tiempo, mejor—. Así, podremos ir aislando, para empezar, el primer acto. Si la película dura dos horas, el primer acto transcurrirá durante la primera media hora. Hay que comprobar que en ese tiempo la situación haya sido planteada correctamente, los personajes principales —protagonistas y antagonistas- hayan sido perfilados, y la historia dé un giro al llegar a los treinta minutos. Luego, trataremos de descubrir si la siguiente hora —es decir, el segundo acto—, contiene los elementos que hemos visto; en otras palabras, que arranque después del primer *plot point*, que la acción se complique hasta llegar al *punto medio*, o sea al arribar alrededor de la hora de la película para que, posteriormente, la acción principal derive en una crisis al transcurrir hora y media de nuestra película de dos horas. De alguna forma, es lo que en otros medios se conoce como *ingeniería inversa*.

Me permito añadir, a este ejercicio propuesto por Field, la necesidad de analizar también la función de las subtramas. Es de vital importancia estudiar la forma en que los guionistas administran la información central dando paso, meticulosamente, a historias secundarias o de apoyo.

Es necesario insistir que el punto medio es muy importante pues sostiene todo el andamiaje y enlaza las dos mitades de la acción dramática global.

Una vez que se ha establecido con certeza lo que ha de ocurrir en el segundo acto —igualmente haciendo acopio de fichas de datos mediante tarjetas— se está en condiciones de escribirlo.

El tercer acto, al igual que el primero, debe contar con treinta cuartillas. Se enmarca en el lapso que va desde el segundo viraje de la acción dramática general —segundo *plot point*— y deriva en el final del guion. Es la resolución del conflicto principal. Ojo: no es el final de nuestra historia, sino el desenlace de ese mecanismo estructurado que se llama guion.

Igualmente se debe trabajar mediante fichas en las que anotemos datos orientadores. Es más: para elaborar este último acto debemos tener presentes todas las notas elaboradas durante el trabajo a fin de no dejar cabos sueltos, tramas sin cerrar, asuntos que queden inconclusos.

Field nos aconseja algo interesante: si deseamos escribir el *final correcto*, el *candado perfecto*, el *broche de oro*... jamás lo encontraremos. En realidad lo adecuado es dar con un final funcional, es decir, que sea pertinente con nuestra historia. Interpreto las palabras del guionista norteamericano en el sentido de que, una vez que hemos desarrollado nuestro cuento, es posible que hayamos diseñado un final *ideal*. Quizás sea oportuno sopesarlo con el objetivo de averiguar si tiene los elementos de coherencia y sorpresa, así sea final cerrado o abierto. Te recomiendo que revises lo que hemos dicho en el esquema de composición dramática sobre cómo trabajar el final de tu obra.

Por otra parte, Field nos habla sobre la posibilidad de que el tercer acto contenga también un último vuelco, un *plot point* cercano a la conclusión, y advierte que eso dependerá de cómo hayamos diseñado la historia.

En realidad, siendo fiel a lo dicho en nuestro esquema de composición —estoy convencido de ello— y siguiendo las premisas de la acción dramática, en este tercer acto se debe operar un cambio tanto en algunos de los personajes principales como en la historia en su conjunto. Digo «*algunos*» porque determinados personajes están perfilados, precisamente, para que no experimenten cambios.

Además, dentro de la libertad creativa que propugno, debo decir que una vez que creamos nuestro cuento, quizás imaginamos un final, pero al *oír* el transcurrir del trabajo casi finalizado, otro sea el desenlace que la misma anécdota exige. Debemos permanecer abiertos a esa posibilidad.

Field coincide al decir que en el tercer acto se debe definir todos los elementos que se han puesto sobre la mesa, identificarlos, encontrar escenas clave que los vaya hilvanando con un sentido general. Si durante todo el proceso es indispensable estar atento a la progresión de la acción dramática, en las últimas páginas hay que vigilar que el argumento no se estanque o decaiga. Field recomienda volver una y otra vez a las fichas con el objetivo de revisar que se está siguiendo la línea argumental correcta.

Es natural, también, que tanto ahora, como a lo largo de la aventura de escribir un guion de cine, asalten dudas, incertidumbres, temores. Field nos sugiere no detenernos en ningún momento y confiar tanto en nuestra intuición, como en la solidez de la estructura que hemos fabricado.

Ahora que he nombrado esta labor como *la aventura de escribir un guion de cine*, es necesario insistir en el hecho de que un libreto cinematográfico va más allá de la escritura: es reescritura. Se puede llegar a reescribir cinco, seis, diez veces, trabajando diariamente por varias horas.

Al respecto, volvemos a las palabras de Linda Seger:

«Un guion funciona en su conjunto. No se puede cambiar una parte de él sin desequilibrar el resto. Reescribir es un proceso que exige tanto la visión de conjunto como la atención al detalle. Este proceso, al igual que el mismo guion, tiene su propio principio, su medio y, afortunadamente, su final. Parte importante del proceso de escribir o reescribir un buen guion está en encontrar una estructura sólida que soporte la historia. Es decir: construirla de tal modo que adquiera forma, esté bien centrada, tenga impulso y sea clara. En otras palabras, facilitar que el espectador se meta en la historia y se vea envuelto en ella hasta el final. Esto es lo que significa construir la historia de forma dramática. (...) El proceso de revisión de un guion comienza por identificar la estructura de la historia. Tomando los elementos por separado es más fácil ver el guion en su conjunto. Reescribir es mucho más fácil después de identificar y centrar el planteamiento, los puntos de giro y la resolución. (...) Si lees con frecuencia críticas de cine, comprobarás que raras veces critican el reparto, la dirección o el tema. Por lo general las críticas resaltan problemas estructurales: una línea argumental poco clara, personajes insuficientemente motivados, tramas secundarias confusas, demasiados personajes, un final que no encaja con el principio, demasiados cabos sueltos al final, etc. Todos estos problemas se pueden arreglar. Y todos ellos se deben arreglar en la etapa de reescritura». [110]

GÉNEROS EN CINE

Hablar de géneros cinematográficos es sumamente complicado debido a que las líneas limítrofes entre ellos frecuentemente se diluyen.

Acudimos a Doc Comparato, quien se basa en una enumeración proporcionada por una prestigiada institución: [111]

«La clasificación más amplia y que está en vigor hasta hoy, es la dada por el Screen Writers Guide, publicado en EUA. Esa clasificación es dividida en seis ítems, a saber:

1. Aventura —con las subdivisiones o combinaciones de western, acción, misterio y musical—;

2. Comedia —con los subgéneros de comedia romántica, musical, comedia infantil, y juvenil—;

3. Crimen —con subdivisiones como crimen psicológico, de acción, crimen combinado con temas sociales, suspense—;

4. Melodrama —y sus respectivas subdivisiones o mezclas de melodrama con acción o con aventura, melodrama juvenil, melodrama con historias de detectives o con misterio, melodrama social, el absolutamente romántico, las historias de guerra, melodrama musical, el psicológico—;

---

110   Linda Seger. Op.cit. Página 260.
111   Doc Comparato. *El guion. Arte y técnica de escribir para cine y televisión.* Visto el 12/02/2018 en file:///C:/Users/dell/AppData/Local/Packages/Microsoft. MicrosoftEdge_8wekyb3d8bbwe/TempState/Downloads/1742958818. Doc%20Comparato%20-%20El%20Guion.pdf. Página 7.

5. Drama —se diferencia del melodrama por su mayor dosis de historia trágica—;

6. Subgéneros misceláneos —todas las combinaciones posibles como biográfico, social, musical, historias religiosas, subgénero histórico, fantasía, ciencia-ficción, farsa, horror, horror psicológico, documental, semi-documental, dibujos animados, film educativo, de propaganda, tragicómico, mudo, erótico...».

¿Cómo es que se dan las mezclas, las combinaciones, de géneros y subgéneros? Oigamos una interesante anécdota de Blake Snyder: «Ah, los *slasher*, es decir, esas películas donde aparece muerta una chica adolescente a manos de un psicópata... Si no fuera por ellas, ¿en qué quedaría nuestra cháchara sobre cine de monstruos? Los impulsivos, confusos e inciertos años del acné son la etapa perfecta para ambientar cualquier filme de destripadores en serie. Y, sin embargo, a principios de 1990 este subgénero parecía agotado. «Michael Myers» y «Jason Voorhees» estaban en *stand-by* y Wes Craven, que finalmente dirigiría *Scream*, también. Y entonces, en un fin de semana, o eso dice la leyenda (apócrifa), Kevin Williamson se sentó en la mesa y escribió un guion que tituló *Scary Movie (Película de terror)*, y resucitó el *slasher*... sin tomárselo demasiado en serio». [112]

Es importante explorar las necesidades de la industria para saber hacia dónde dirigimos nuestras baterías. E insisto, te conviene repasar los géneros dramáticos en teatro, estudiarlos más a fondo, pues de ahí se desprenden muchos de los elementos de los géneros cinematográficos. Por ejemplo, si bien recuerdas, la tragicomedia en teatro tiene como notas principales contarnos las aventuras por episodios y los protagonistas buscan llegar a

112   Blake Snyder. Op.cit. Página 39.

una meta y hay obstáculos en su camino, o tratan de no llegar a ella y hay fuerzas misteriosas que los llevan a ella. Exactamente como sucede en una *road movie*.

Si lo que te interesa es escribir tu guion de cine, recuerda que lo importante es partir de la creación de tu cuento. Un cuento bien contado. Me refiero a la claridad de las situaciones, a la trama bien imbricada, a los personajes definidos y entrañables, al tono o atmósfera bien establecida... y trasladar todo eso a la planificación de la conformación de tu guion. Y muchas horas sentado frente a la computadora.

He llegado al final de este manual de narrativa y guionismo. Espero que te sea de utilidad. Lo importante es que, si has descubierto que tienes esa imperiosa necesidad de crear historias, puedas dedicarte a darle cuerpo a tus invenciones y transformar tus fantasías en cuentos, en obras de teatro, en guiones de televisión o de cine.

La creación literaria puede funcionar como elemento emancipador. A través de nuestras historias, mediante la mágica elaboración rutas asombrosas, de caminos insospechados, podremos incursionar en mundos alternos que nos harán más libres. Esto es por la alta dosis de espiritualidad que imprimimos en el ejercicio del arte. La literatura —se ha dicho en reiteradas ocasiones— tiene como esencia la pasión, y como tal, es la mejor vía para comunicar a los otros, pero por sobre todas las cosas, a nosotros mismos, el poder del amor, el valor de la verdad, la potencia de nuestras experiencias y conocimientos.

Franz Kafka sentenció que la literatura es una gran aventura, una inigualable expedición a la verdad. Gracias a la práctica narrativa nos otorgamos la posibilidad de entrar en contacto con quienes somos genuinamente, sin máscaras, sin disfraces.

Te invito a que emprendas ese fascinante camino a la verdad que es la creación literaria.

Bibliografía y material digital consultado

Ana María Platas. *Diccionario de términos literarios*. Ed. Espasa Calpe. 2004. Pág. 188.

Aristóteles. *Ars poetica*. Trad. Valentín García Yebra. Ed. Gredos. Biblioteca Románica Hispánica. 1999. Páginas 152-153.

Benavides, O. Hugo. *Drugs, Thugs, and Divas: Telenovelas and Narco-Dramas in Latin America*. Austin: University of Texas Press, 2008. Citado por Katherine Fracchia. El personaje del narcotraficante según las narco-telenovelas y los narcocorridos. Tesina de master. Universidad de Lund. 2011. Página 7. Tesina vista el 07/02/2018 en http://lup.lub.lu.se/luur/download?func=downloadFile&recordOId=2095019&fileOId=2095021.

Blake Snyder. *¡Salva al gato! Va al cine. Guía para guionistas de todos los argumentos del mundo*. Trad. Amado Diéguez. Alba Editorial. 2016.

Brett Martin. Trad. Jorge Paredes. *Hombres fuera de serie*. Editorial Ariel. 2014.

Carlos Fuentes. Conferencia consultada el 14 de diciembre de 2017 en: https://www.youtube.com/watch?v=ywz1cdzOCnY.

Carmen Rodríguez Fuentes. *Televisión en Internet*. Revista Icono 14. Revista de comunicación y tecnología. 2010.

Catherine Anne. *Agnes*. Trad. Boris Shoemann. Ed. El milagro. 2003.

Celcit. *Textos teatrales*. Disponible en: https://www.celcit.org.ar/publicaciones/biblioteca-teatral-dla/

Ciudad Seva: página de Luis López Nieves dedicada al cuento. https://ciudadseva.com/biblioteca/indice-autor-cuentos/

Claudia Cecilia Alatorre. *Análisis del drama*. Editado por Colección Escenología. 1999.

Claudio Tolcachir. *La omisión de la familia Coleman*. Tomado de: https://www.youtube.com/watch?v=vOgXlz9318c.

Daniel Dalmaroni. *Maté a un tipo*. Tomado de: https://es.scribd.com/document/379523402/Mate-a-Un-Tipo-Daniel-Dalmaroni-Obra-de-Teatro.

Darío Fo. *Muerte accidental de un anarquista*. Trad. Carla Matteini. Tomado de: http://blogs.infolibre.es/alrevesyalderecho/wp-content/uploads/2014/02/muerte_accidental_anarquista.pdf

Dina Yael. *Embalsamar el tiempo, esculpir el cine*. Artículo publicado en *Curso de lenguaje cinematográfico*. Publicado por Universidad ORT. Uruguay. Coordinador Pablo Ferré. Visto el 10/02/2018 en https://www.ort.edu.uy/fcd/pdf/pulsoaudiovisual2001.pdf.

Dino Armas. *Sus ojos se cerraron*. Disponible en: http://dramaturgiauruguaya.uy/sus-ojos-se-cerraron/.

Doc Comparato. *El guion. Arte y técnica de escribir para cine y televisión*. Visto el 12/02/2018 en file:///C:/Users/dell/AppData/Local/Packages/Microsoft.MicrosoftEdge_8wekyb3d8bbwe/TempState/Downloads/1742958818.Doc%20Comparato%20-%20El%20Guion.pdf.

Edmond Rostand. *Cyrano de Bergerac*. Disponible en http://ww2.educarchile.cl/UserFiles/P0001/File/articles-101776_Archivo.pdf.

Edward De Bono. *El pensamiento creativo*. Editorial Paidós. 2004.

Elena Galán, Begoña Herrero. *El guion de ficción en televisión*. Editorial Síntesis. 2011.

El oficio de escritor. Trad. José Luis González. Ediciones Era. 1977.

Elsa Cross. *El descenso de Inanna: una prefiguración de los misterios*. Revista de la Universidad de México. Visto el 19/12/2017 en http://www.revistadelauniversidad.unam.mx/7009/pdf/70cross.pdf.

Emilio Carballido. *Fotografía en la playa*. Escenología-Drama. 1994. Págs. 25 y ss.

Emilio Carballido. *La lente maravillosa*. Tomado de: https://es.scribd.com/doc/274544263/La-Lente-Maravillosa

Enrique Ibsen. *Un enemigo del pueblo*. Trad. Ana Victoria Mondada. Ed. Porrúa. Colección *Sepan cuántos...* 2007.

Eric Bentley. *La vida del drama*. Editorial Paidós. 1985.

Esquilo. *Prometeo encadenado*. Trad. Ángel María Garibay. Ed. Porrúa. Colección *Sepan cuántos...* 1978.

Flavio González Mello. *1822, el año en que fuimos imperio*. Ed. El milagro. 2004.

Georges Polti. Las 36 situaciones dramáticas. Disponible en: https://exerciseyourfingers.wordpress.com/2019/06/25/las-36-situaciones-dramaticas-de-georges-polti/.

Gino Luque Bedregal. *Aeropuerto*. Tomado de: https://www.celcit.org.ar/publicaciones/biblioteca-teatral-dla/.

Guillermo Cabrera Infante. *Y va de cuentos*. Sept. 2001. Año III. Núm. 33.

Gracia Morales. *NN12*. Disponible en : https://www.celcit.org.ar/publicaciones/biblioteca-teatral-dla/.

H.P. Lovecraft. *Dagon*. Tomado de http://axxon.com.ar/rev/189/c-189cuento8.htm.

Hugo Daniel Marcos. *Mi mujer es el plomero*. Tomado de la biblioteca teatral virtual de Salvador Enríquez: http://noticiasteatrales.es/mujerplomero.html.

IBOPE. Información tomada el 29/01/2018 de http://www.ibope.com.ar/ibope/wp/wp-content/uploads/2011/10/Glosario-de-Indicadores-de-Audiencia-Monitoreo-y-Evaluacion-de-Pautas.pdf.

Inmaculada Gordillo. *La hipertelevisión: géneros y formatos*. Editado por Intiyan. Ediciones CIESPAL. 2009.

Jan Kott. *Shakespeare, nuestro contemporáneo*. Trad. Olszewska Sonnenberg y Sergio Trigán. Alba Editorial. 2007.

Javier Daulte. *Bésame mucho*. Tomado de : http://www.teatrodelpueblo.org.ar/textos_autores_contemporaneos/daulte001.htm.

Javier Daulte. *Marta Stutz*. Tomado de la biblioteca teatral: https://www.celcit.org.ar/publicaciones/biblioteca-teatral-dla/.

Jesús González Dávila. Rufino de la calle. Disponible en: https://es.scribd.com/document/183150464/De-la-calle-Jesus-Gonzalez-Davila.

José Luis Alonso de Santos. *Cuadros de amor y humor, al fresco. Una verdadera mártir.* Tomado de: https://www.celcit.org.ar/publicaciones/biblioteca-teatral-dla/.

José Luis Alonso de los Santos. *Manual de teoría y práctica teatral.* Ed. Castalia. 2012.

Joseph Campbell. *El héroe de las mil caras. Psicoanálisis del mito.* Trad. Luisa Josefina Hernández. Fondo de Cultura Económica. México. 1972.

Juan Sahagún. *Beso asesino.* Disponible en la biblioteca teatral virtual de Salvador Enríquez: http://noticiasteatrales.es/catalogotextos3.html.

Julia Cameron. *El camino del artista.* Traducción de Alejandra Vucetich. Editorial Estaciones. 2014.

Juan José Prat Ferrer. *Historia del cuento tradicional.* Ed. Fundación Joaquín Díaz Urueña. 2013.

Julio Cortázar. *Algunos aspectos del cuento.* Revista Casa de las Américas. La Habana. Año II, núm. 15-16, noviembre 1961-febrero 1963. Reproducido en Lauro Zavala. Teoría del cuento, volumen I. UNAM. UAM/X. 1995. Pág. 308 en adelante.

Lauro Zavala. *Un modelo para el estudio del cuento.* Visto el 15/12/2017 en http://www.uam.mx/difusion/casadeltiempo/90_jul_ago_2006/casa_del_tiempo_num90-91_26_31.pdf.

Linda Seger. *Cómo convertir un buen guion en un guion excelente.* Trad. Ángel Blasco. Ediciones RIAPL, Madrid. 1991.

Llorenç Guilera Agüera. *Anatomía de la creatividad.* Edición FUNDIT. Escola Superior de Disseny ESDi. 2011.

Marcel Sawchik. *El cordero y el mar.* Disponible en: https://dramaturgiauruguaya.uy/el-cordero-y-el-mar/.

Madeline DiMaggio. *Escribir para televisión. Cómo elaborar guiones y promociones en las cadenas públicas y privadas.* Traducción Jordi García Sabaté. Ed. Paidós. Comunicación 49. 1992. Página 88 y siguientes.

María de Lourdes López Gutiérrez y María Teresa Nicolás Gavilán. *El análisis de las series de televisión: construcción de un modelo interdisciplinario.* ComHumanitas: Revista Científica de Comunicación, 6(1). Visto el 07/02/2018 en file:///C:/Users/dell/Documents/A%20Guionismo%20LIBRO/Series%20de%20tv%20UP%20art.pdf

María de Lourdes López Gutiérrez y María Teresa Nicolás Gavilán. *Análisis narratológico de series de TV. Construcción de un modelo*. Visto el 09/02/2018 en file:///C:/Users/dell/Documents/A%20 Guionismo%20LIBRO/Analisis_narratologico%20de%20las%20 series.pdf.

Mariana de Althaus. *En esta obra nadie llora*. Disponible en: https:// www.celcit.org.ar/publicaciones/biblioteca-teatral-dla/.

Marta Mariasole Raimondi. *La telenovela en América Latina: experiencia de la modernidad en la región y su expansión internacional*. Revista del Real Instituto Elcano. Área: Lengua y Literatura. 2011.

Mario Diament. *Tango perdido*. Tomado de: https://www.celcit.org. ar/publicaciones/biblioteca-teatral-dla/.

Mario Vargas Llosa. *Cartas a un joven novelista*. Ed. Planeta. 1997. Colección La línea del Horizonte.

Mark Twain. *El niño malo*. Tomado de https://adictamente.blogspot. mx/2013/02/el-cuento-del-nino-bueno.html.

Michel Chion. *Cómo se escribe un guion*. Trad. Dolores Jiménez Plaza. Escaneado por Anelfer. 2002. Visto el 10/02/2018 en http://www.unpa.edu.ar/sites/default/files/descargas/ Administracion_y_Apoyo/Materiales/2015/T202/Escritura_de_ un_guion_Michel%20Chion.pdf.

Norma Román Calvo. *Para leer un texto dramático*. Ed. Pax México. 2003.

Óscar Liera. *Las Ubarry*. Disponible en: https://www.oscarliera.com/ obra.

Panchatantra, o cinco series de cuentos. Trad. José Alemany Bolufer. Ed. Partenón. Arg. 1949.

Patrice Pavis. *Diccionario del Teatro. Dramaturgia, estética, semiología*. Ed. Paidós. 1998.

Patricia Zangaro. *Hoy debuta la finada*. Disponible en: https://www. celcit.org.ar/publicaciones/biblioteca-teatral-dla/.

Reiner María Rilke. *Cartas a un joven poeta*. Premiá editora de libros. Colección *La nave de los locos*. 1989.

Ricardo Piglia. *Tesis sobre el cuento*. Visto el 23/12/2017 en http:// ciudadseva.com/texto/tesis-sobre-el-cuento/.

Roberto Cossa. *La nona*. Disponible en: http://www.dramavirtual. org/search/label/Cossa%20La%20Nona.

Roberto Perinelli. *Landrú, asesino de mujeres*. Tomado de: https:// www.celcit.org.ar/publicaciones/biblioteca-teatral-dla/.

Rodolfo Usigli. *El gesticulador*. Antología de autores contemporáneos. Teatro. Universidad Autónoma de Nuevo León. 1980.

Sergio Magaña. *Los signos del zodiaco*. Tomado de: http://www. dramavirtual.org/search/label/MAGA%C3%91A%20Sergio%20 LOS%20SIGNOS%20DEL%20ZODIACO.

Tomás Urtusástegui. *Manual de dramaturgia*. Disponible en: https:// silo.tips/download/manual-de-dramaturgia-y.

Víctor Hugo Rascón Banda. *La isla de la pasión*. Catálogo SOGEM. 2018.

Villiers de L'Isle Adam. *Vera*. Tomado de http://ciudadseva.com/ texto/vera/.

William Shakespeare. *Hamlet*. Editorial Ramón Sopena. 1964.

Yasunari Kawabata. *Rostros*. Visto en ciudadseva.com/texto/rostros/.

La impresión de este libro, por encomienda de Berenice, concluyó el 28 de diciembre de 2021. Ese mismo día de 1899 nace en Madrid Edgar Neville, escritor, dramaturgo y director de cine, cuya extensa y valiosa obra le acredita como una de las personalidades más notables de la cultura hispana del siglo XX.